U0541215

本书获得河北经贸大学学术著作出版基金资助

中国与塞尔维亚税收差异及境外投资风险管理研究

刘海云 刘国云 著

中国社会科学出版社

图书在版编目（CIP）数据

中国与塞尔维亚税收差异及境外投资风险管理研究/刘海云，刘国云著．—北京：中国社会科学出版社，2019.6

ISBN 978－7－5203－4449－4

Ⅰ.①中… Ⅱ.①刘…②刘… Ⅲ.税收管理—对比研究—中国、塞尔维亚②对外投资—直接投资—风险管理—研究—中国③外商投资—直接投资—风险管理—研究—塞尔维亚 Ⅳ.①F812.42②F815.433.2③F832.6④F835.434.8

中国版本图书馆 CIP 数据核字（2019）第 092689 号

出 版 人	赵剑英
责任编辑	范晨星
责任校对	石春梅
责任印制	王 超

出	版	中国社会科学出版社
社	址	北京鼓楼西大街甲 158 号
邮	编	100720
网	址	http://www.csspw.cn
发 行 部		010－84083685
门 市 部		010－84029450
经	销	新华书店及其他书店
印	刷	北京君升印刷有限公司
装	订	廊坊市广阳区广增装订厂
版	次	2019 年 6 月第 1 版
印	次	2019 年 6 月第 1 次印刷
开	本	710×1000 1/16
印	张	14
插	页	2
字	数	230 千字
定	价	68.00 元

凡购买中国社会科学出版社图书，如有质量问题请与本社营销中心联系调换
电话：010－84083683
版权所有 侵权必究

摘 要

《中国与塞尔维亚税收差异及境外投资风险管理研究》重点从企业所得税、个人所得税、增值税、关税等方面对中国与塞尔维亚的税收制度进行对比分析。基于对比分析的基础，综合分析了中国居民企业赴塞尔维亚投资可能存在的信息报告风险、纳税申报风险、调查认定风险以及享受税收协定待遇风险等，并对河钢集团在塞尔维亚投资的风险控制进行了案例分析，对中国居民企业赴塞尔维亚投资有较强的针对性和指导意义。

全书共分为八章。第一章介绍了本题目的研究背景，综合分析了在"一带一路"倡议及"16+1合作"大背景下中国与塞尔维亚关系及中国与塞尔维亚经贸合作，并对中国的税收制度和塞尔维亚税收制度进行了总体介绍，特别介绍了塞尔维亚的税收优惠政策及中塞税收协调的相关内容；第二章是中国与塞尔维亚企业所得税对比分析，在对中国企业所得税制度的总体沿革和塞尔维亚企业所得税制度总体沿革分析的基础上，对比分析中国与塞尔维亚企业所得税制度的具体差异，并分析了中塞企业所得税差异协调的相关内容；第三章是中国与塞尔维亚增值税对比分析，在梳理中国增值税制度的总体沿革和塞尔维亚增值税制度总体沿革的基础上，对比分析中国与塞尔维亚增值税制度的具体差异，并分析了中塞增值税差异协调相关的相关内容；第四章是中国与塞尔维亚关税对比分析，在梳理中国企业关税制度的总体沿革和塞尔维亚关税制度总体沿革的基础上，对比分析中国与塞尔维亚关税制度的具体差异，并分析中塞关税差异协调相关的相关内容；第五章是中国与塞尔维亚个人所得税对比分析，在梳理中国个人所得税制度的总体沿革和塞尔维亚个人所得税制度总体沿革的基础上，对比分析中国与塞尔维亚个人所得税制度的具体差异，并分析中塞个人所得税差异协调相关的相关内容；第六章是中国与塞尔维亚其他税种对比分析，在梳理中国消费税和其他税收制度的总体沿革和塞尔维亚企业其他税收制度总体沿革的基础上，对比分析了中国与塞尔维亚消费税等其他税收制度的具体差异，并分析中塞其他税收差异协调相关的相关内容；第七章是基于中国与塞尔维亚税收差异视角的企业境外风险管理相关内容，本章分析了企业风险投资的相关内容，特别对中塞税收差异所导致的信息报告风险、纳税申报风险、调查认定风险以及享受税收协定待遇风险进行了具体分析；第八章是案例分析，以河钢集团并购斯梅代雷沃钢厂为案例，分析企业境外投资风险管理中的主要做法，对中国企业境外投资特别是在塞尔维亚投资具有非常重要的借鉴意义。

本研究的创新点在于：一是首次分税种全面梳理了中国与塞尔维亚税收制度的具体差异；二是基于针对中塞税收差异全面分析企业境外风险管理的内容；三是首次对河钢集团购并斯梅代雷沃钢厂的风险控制进行全面总结与分析。以上研究对中国企业在塞尔维亚投资合作的税务管理实践具有较强的指导性和推动意义。

本文撰写过程中李扬参与了第二章的撰写，栾天月参与了第三章的撰写，杨雪倩参与了第四章的撰写，李颖参与了第五章的撰写，江梦莎和侯美玲参与了第六章、第七章和第八章的撰写。再次对以上同学的辛苦努力表示感谢，全书由刘海云教授负责总体校稿与设计。本书出版过程中受到了河北经贸大学工商管理重点学科、河北经贸大学学术出版基金的资助，在此一并表示感谢！因知识所限，对文中论述不当或者不足之处表示歉意，本人将继续潜心研究，期待将有关问题引向深入！

刘海云
2019 年 1 月

目　　录

第一章　绪论 …………………………………………………………（1）
　一　研究背景及问题的提出 ……………………………………（1）
　　（一）中国"一带一路"倡议提出及取得的成就 ……………（1）
　　（二）中国与中东欧合作及取得的成绩 ………………………（2）
　　（三）中国与塞尔维亚关系 ……………………………………（5）
　　（四）中国与塞尔维亚经济合作 ………………………………（8）
　二　中国税收制度变迁及现行的税收制度 ……………………（13）
　　（一）中国税收制度变迁 ………………………………………（13）
　　（二）中国现行的税收制度 ……………………………………（16）
　三　塞尔维亚税收制度变迁及现行的税收制度 ………………（21）
　　（一）塞尔维亚税收制度概览 …………………………………（21）
　　（二）近三年重大税制变化 ……………………………………（23）
　　（三）塞尔维亚主要税率 ………………………………………（24）
　　（四）塞尔维亚外商投资税收优惠 ……………………………（24）
　四　中国与塞尔维亚税收协定及相互协商程序 ………………（27）
　　（一）中塞税收协定 ……………………………………………（27）
　　（二）中塞税收协定相互协商程序 ……………………………（37）
　　（三）中塞税收协定争议的防范 ………………………………（42）

第二章　中国与塞尔维亚企业所得税对比分析 …………………（44）
　一　中国企业所得税总体分析 …………………………………（44）
　　（一）中国企业所得税的总体沿革 ……………………………（44）

（二）中国现行企业所得税 …………………………………… (46)
　二　塞尔维亚企业所得税总体分析 ………………………………… (72)
　　（一）塞尔维亚企业所得税的总体演化变革 …………………… (72)
　　（二）塞尔维亚现行企业所得税 ………………………………… (72)
　三　中国与塞尔维亚企业所得税的对比分析 ……………………… (82)
　　（一）中塞企业所得税纳税义务人的对比分析 ………………… (82)
　　（二）中塞企业所得税征税对象的对比分析 …………………… (83)
　　（三）中塞企业所得税税率的对比分析 ………………………… (83)
　　（四）中塞企业所得税应纳税所得额及应纳税额的对比分析 …… (85)
　　（五）中塞企业所得税税收优惠的对比分析 …………………… (86)
　　（六）中塞企业所得税征收管理的对比分析 …………………… (88)
　四　中国与塞尔维亚企业所得税差异协同研究 …………………… (90)
　　（一）进一步完善中塞税收协定体系 …………………………… (90)
　　（二）完善中塞两国企业所得税征收管理 ……………………… (90)
　　（三）加强中塞两国税务部门之间的联系 ……………………… (91)
　　（四）完善中塞两国税收争议解决机制 ………………………… (91)

第三章　中国与塞尔维亚增值税对比分析 …………………………… (93)
　一　中国增值税总体分析 …………………………………………… (93)
　　（一）中国增值税总体沿革 ……………………………………… (93)
　　（二）中国现行增值税 …………………………………………… (96)
　二　塞尔维亚增值税总体分析 ……………………………………… (102)
　　（一）塞尔维亚增值税总体沿革 ………………………………… (102)
　　（二）塞尔维亚现行增值税 ……………………………………… (102)
　三　中国与塞尔维亚增值税的对比分析 …………………………… (107)
　　（一）增值税发展进程的对比分析 ……………………………… (107)
　　（二）纳税人的对比分析 ………………………………………… (107)
　　（三）征税范围的对比分析 ……………………………………… (108)
　　（四）税率的对比分析 …………………………………………… (108)
　　（五）税收优惠政策的对比分析 ………………………………… (109)
　　（六）应纳税额计算方法的对比分析 …………………………… (110)

（七）纳税地点的对比分析 …………………………………… (111)
　　（八）纳税时间的对比分析 …………………………………… (113)
　四　中国与塞尔维亚增值税差异协同研究 ………………………… (113)
　　（一）塞尔维亚的税收展望 …………………………………… (113)
　　（二）中国与塞尔维亚协同发展 ……………………………… (115)

第四章　中国与塞尔维亚关税对比分析 …………………………… (117)
　一　中国关税总体分析 ……………………………………………… (117)
　　（一）中国关税的总体沿革 …………………………………… (117)
　　（二）现行关税 ………………………………………………… (118)
　二　塞尔维亚关税总体分析 ………………………………………… (121)
　　（一）塞尔维亚关税的总体沿革 ……………………………… (121)
　　（二）现行关税 ………………………………………………… (121)
　三　中国与塞尔维亚关税的对比分析 ……………………………… (125)
　　（一）相同点 …………………………………………………… (125)
　　（二）不同点 …………………………………………………… (126)
　四　中国与塞尔维亚关税差异协同研究 …………………………… (127)
　　（一）加强中塞农产品贸易互补合作 ………………………… (128)
　　（二）开展中塞自贸协定可行性研究 ………………………… (128)
　　（三）加快中塞经贸合作区的建设进程 ……………………… (128)

第五章　中国与塞尔维亚个人所得税对比分析 …………………… (129)
　一　中国个人所得税总体分析 ……………………………………… (129)
　　（一）中国个人所得税总体沿革 ……………………………… (129)
　　（二）中国现行个人所得税 …………………………………… (131)
　二　塞尔维亚个人所得税总体分析 ………………………………… (138)
　　（一）塞尔维亚个人所得税总体沿革 ………………………… (138)
　　（二）塞尔维亚现行个人所得税 ……………………………… (139)
　三　中国与塞尔维亚个人所得税的对比分析 ……………………… (147)
　　（一）中塞个人所得税纳税义务人的对比分析 ……………… (147)
　　（二）中塞个人所得税税制模式的对比分析 ………………… (147)

（三）中塞个人所得税征收范围的对比分析 ………………（148）
　　（四）中塞个人所得税税率的对比分析 …………………（149）
　　（五）中塞个人所得税费用扣除项目及标准的对比分析 ………（150）
　　（六）中塞个人所得税税收优惠政策的对比分析 …………（152）
　　（七）中塞个人所得税税收征管的对比分析 ………………（154）
　　（八）中塞个人所得税境外所得的对比分析 ………………（155）
　四　中国与塞尔维亚个人所得税差异协同研究 ………………（156）
　　（一）完善两国税制，适应"一带一路"发展要求 …………（156）
　　（二）强化税收协定作用，提升国际话语权 ………………（158）
　　（三）加强税收征管，优化纳税服务 ………………………（160）

第六章　中国与塞尔维亚其他税费对比分析 ………………（163）
　一　中国与塞尔维亚消费税对比分析 …………………………（163）
　　（一）中国消费税总体分析 ……………………………（163）
　　（二）塞尔维亚消费税总体分析 ………………………（167）
　二　中国与塞尔维亚环境税对比分析 …………………………（167）
　　（一）中国环境税总体分析 ……………………………（167）
　　（二）塞尔维亚环境税总体分析 ………………………（170）
　三　中国与塞尔维亚地方公众设施费用对比分析 ……………（171）
　　（一）中国地方公共设施费用总体分析 ………………（171）
　　（二）塞尔维亚地方公共设施费用总体分析 …………（171）
　四　中国与塞尔维亚不动产税对比分析 ………………………（171）
　　（一）中国不动产税总体分析 …………………………（171）
　　（二）塞尔维亚不动产税总体分析 ……………………（172）
　五　中国与塞尔维亚社会保障税对比分析 ……………………（172）
　　（一）中国社会保障税总体分析 ………………………（172）
　　（二）塞尔维亚社会保障税总体分析 …………………（174）
　　（三）中塞社会保障税差异协同研究 …………………（175）
　六　中国和塞尔维亚印花税对比分析 …………………………（175）
　　（一）中国印花税总体分析 ……………………………（175）
　　（二）塞尔维亚印花税总体分析 ………………………（180）

七　中国和塞尔维亚财产转让税对比分析 …………………… (180)
　　　　(一) 中国财产转让税总体分析 ………………………… (180)
　　　　(二) 塞尔维亚财产转让税总体分析 …………………… (182)

第七章　基于税收差异的企业境外风险管理 ……………… (183)
　　一　企业风险管理的理论基础 …………………………… (183)
　　　　(一) 企业风险 …………………………………………… (183)
　　　　(二) 对外投资 …………………………………………… (183)
　　　　(三) 风险管理 …………………………………………… (183)
　　二　企业风险管理的相关内容 …………………………… (184)
　　　　(一) 企业风险管理的总体目标 ………………………… (184)
　　　　(二) 企业风险管理的组织体系 ………………………… (184)
　　三　企业境外风险管理特点及核心环节 ………………… (186)
　　　　(一) 企业境外风险管理特点 …………………………… (186)
　　　　(二) 企业风险管理的核心环节 ………………………… (187)
　　四　基于税收差异的企业境外投资风险管理 …………… (193)
　　　　(一) 企业对外投资面临的税务风险 …………………… (193)
　　　　(二) 针对税务风险采取的措施 ………………………… (194)
　　五　在塞尔维亚投资可能存在的税收风险 ……………… (195)
　　　　(一) 信息报告风险 ……………………………………… (195)
　　　　(二) 纳税申报风险 ……………………………………… (196)
　　　　(三) 调查认定风险 ……………………………………… (198)
　　　　(四) 享受税收协定待遇风险 …………………………… (199)

第八章　企业境外风险管理案例研究 ……………………… (202)
　　一　并购双方介绍 ………………………………………… (202)
　　　　(一) 河钢集团介绍 ……………………………………… (202)
　　　　(二) 塞尔维亚斯梅代雷沃钢厂介绍 …………………… (203)
　　二　并购前交割准备工作 ………………………………… (203)
　　　　(一) 河钢集团的交割准备工作 ………………………… (203)
　　　　(二) 塞尔维亚政府负责的交割准备工作 ……………… (204)

三 并购动机 ……………………………………………………（205）
 （一）实现产能全球布局，获取市场协同效应 ……………（205）
 （二）实现"走出去"战略，加快国际化战略进程 …………（205）
 （三）国内钢铁市场日益饱和，产能过剩 …………………（206）

四 并购的核心内容 ………………………………………………（206）
 （一）交易方式 ………………………………………………（206）
 （二）交易对价 ………………………………………………（207）
 （三）收购路径 ………………………………………………（207）
 （四）交易文件 ………………………………………………（207）

五 并购中的风险及防控措施 ……………………………………（207）
 （一）国家资助风险 …………………………………………（207）
 （二）政治风险 ………………………………………………（208）
 （三）缺陷资产风险 …………………………………………（209）
 （四）环境风险 ………………………………………………（209）
 （五）交割后管理风险 ………………………………………（210）
 （六）宏观经济风险 …………………………………………（210）
 （七）人员健康与安全风险 …………………………………（210）
 （八）财产风险 ………………………………………………（211）
 （九）欧盟反倾销风险 ………………………………………（211）

参考文献 ……………………………………………………………（213）

第一章

绪 论

一 研究背景及问题的提出

(一) 中国"一带一路"倡议提出及取得的成就

2013年秋,习近平总书记提出共建"一带一路"倡议。经过夯基垒台、立柱架梁的五年,共建"一带一路"正在成为我国参与全球开放合作、改善全球经济治理体系、促进全球共同发展繁荣、推动构建人类命运共同体的中国方案。2018年9月,由推进"一带一路"领导小组办公室指导、国家信息中心"一带一路"大数据中心主编的《"一带一路"大数据报告(2018)》正式发布,运用大数据技术全面评估"一带一路"建设进展与成效。2018年8月27日下午,国务院新闻办召开新闻发布会,介绍"一带一路"建设五年来取得的成就。

1. 国际合作

已有103个国家和国际组织同中国签署118份"一带一路"方面的合作协议。2017年首届"一带一路"国际合作高峰论坛达成的279项成果中,已有265项已经完成或转为常态工作,剩下的14项正在督办推进,落实率高达95%。

2. 项目合作

蒙内铁路竣工通车;亚吉铁路开通运营;中泰铁路、匈塞铁路和雅万高铁部分路段等开工建设;汉班托塔港二期竣工;巴基斯坦瓜达尔港恢复运营;中老铁路和中巴经济走廊项下交通基础设施建设等项目也在稳步向前推进。截至2018年8月26日,中欧班列累计开行数量突破1万列,到达欧洲15个国家43个城市,已达到"去三回二",重箱率达 85%。

3. 经贸合作

截至 2018 年 6 月，我国与沿线国家货物贸易累计超过 5 万亿美元，年均增长 1.1%，中国已经成为 25 个沿线国家最大的贸易伙伴，对外直接投资超过 700 亿美元，年均增长 7.2%。中国与沿线国家新签的对外承包工程的合同额超过 5000 亿美元，年均增长 19.2%。

中国企业在沿线国家建设境外经贸合作区 82 个，累计投资 289 亿美元，入区企业 3995 家，上缴东道国税费累计 20.1 亿美元，为当地创造 24.4 万个就业岗位。目前，中企已探索开展"一带一路"建设领域第三方市场合作。中国还不断放宽外资准入领域，营造高标准的营商环境，吸引沿线国家来华投资。

中国不断加快与沿线国家建设自贸区，已与 13 个沿线国家签署或升级了 5 个自贸协定，立足周边、覆盖"一带一路"、面向全球的高标准自由贸易网络正在加快形成。我国还与欧亚经济联盟签署经贸合作协定，与俄罗斯完成欧亚经济伙伴关系协定联合可行性研究。

4. 金融服务

中国与有关国家核准《"一带一路"融资指导原则》，已有 11 家中资银行设立了 71 家一级机构。中国与非洲开发银行、泛美开发银行、欧洲复兴开发银行等多边开发银行开展联合融资合作并启动建立"一带一路"国际商事争端解决机制和机构。

5. 文化交流

中国制定并印发了教育、科技、金融、能源、农业、检验检疫、标准联通等多个领域的专项合作规划，实施"丝绸之路"奖学金计划，在境外设立办学机构。2017 年，来自沿线国家的留学生达 30 多万人，赴沿线国家的留学生有 6 万多人。预计到 2020 年，中国与沿线国家双向旅游人数将超过 8500 万人次，旅游消费约 1100 亿美元。

（二）中国与中东欧合作及取得的成绩

2012 年，首届中国和中东欧国家领导人会晤在波兰华沙召开，正式开启了"16 + 1 合作"进程。迄今，"16 + 1 合作"已经顺利走过 6 年历程。在此期间，各领域合作全面推进。投资、合作都取得了积极进展，双边合作日益升温，地方合作成为亮点，多个金融工具推动"16+1合作"，积极融入"一带一路"并发挥了示范作用。

1. 投资稳步增长，取得长足进展

"16+1合作"推进6年来，在投资领域取得令人瞩目成就。重点项目合作取得积极进展，在基建、能源、生态环保、高科技等领域的投资取得明显成效和进展。数据显示，中国在中东欧绝大多数国家投资均出现明显增长，尤其在维谢格拉德集团四国（匈牙利、波兰、捷克斯洛伐克）、罗马尼亚、保加利亚以及塞尔维亚几国增长显著。

从投资总数来看，2015年比2009年出现较大幅度增长，增长额为15.66亿美元，增长率达到79%。增长的核心市场主要集中在市场发展程度较好、与欧盟产业链深度融合的维谢格拉德集团四国，以及投资潜力较大、具有地缘优势的罗马尼亚、保加利亚以及塞尔维亚等巴尔干国家。官方数据显示中国目前对中东欧投资达到90亿美元，而许多企业投资并没有登记注册，官方数据其实有一定程度的统计数据缺失，中国实际投资要比官方统计数据多很多。

在投资增长过程中，大项目投资不可忽视。匈塞铁路、中欧陆海快线、克罗地亚跨海大桥建设等增加了"16+1合作"的影响。还有塞尔维亚的"泽蒙—博尔察"大桥、黑山南北高速公路、黑山巴尔市至塞尔维亚边境的公路项目等，这些项目不仅是中国与中东欧国家间的标志性成果，同时也是"一带一路"倡议联通欧亚大陆的计划的一部分，为中国和中东欧国家互联互通作出了贡献。

2. 双边合作提质增效，关系日益升级

在2012年"16+1合作"框架确立之前，中国只与塞尔维亚和波兰建立了战略伙伴关系。在"16+1合作"框架的推动下，中国战略伙伴关系网在中东欧乃至欧洲地区越织越密。中国与捷克的战略伙伴关系（2016）从无到有，与波兰和塞尔维亚提升了战略合作水平，从战略伙伴关系提升到全面战略伙伴关系（均为2016年），与匈牙利的友好合作伙伴关系提升为全面战略伙伴关系（2017）。至此，中国在中东欧16国中已经缔结成四对程度不一的战略伙伴关系，将对外友好圈的工作不断做深做实。

3. 地方合作成为亮点，成效显著

过去六年，中国推动"16+1合作"主要依靠中央及其所属机构，通过加强顶层设计来积极推动17国务实合作。自合作框架开启以来，作为世界第二大国和第二大经济体的中国，同中东欧小国的不对等问题一直引起中东欧国家的关注。而地方合作作为中国同中东欧国家合作的重要形式，也逐渐引起人们的注意，尤其是浙江宁波等城市集中发力，成为推动"16+1合作"的一个新引擎后，中央和地方双轮驱动成为未来引领"16+1合作"的新模式、新方法。中国不少地方城市同中东欧国家在规模上基本对等，地方城市的丰富性、多样性和参与"16+1合作"的积极性，为地方合作对接中东欧国家创造了新的空间。在地方合作的推动下，中国和中东欧国家地方间开通了越来越多的直飞航线和多趟班列。

4. 陆续出台了各种金融支持工具

2012年4月，在中国与中东欧国家领导人华沙会晤上，中国国务院前总理温家宝提出了推动中国和中东欧国家合作的12项举措，其中包括设立100亿美元专项贷款，贷款中配备一定比例的优惠性质贷款，重点用于双方在基础设施建设、高新技术、绿色经济等领域的合作项目。中国—中东欧基金、中国—中东欧国家银联体等金融工具或组织的出现，为"16+1合作"提供了较好的融资保障。融资工具的支持开发了一系列基建、能源、节能环保等项目，服务了中国和中东欧双方建设和促进了经济社会发展。

5. 融入"一带一路"倡议并发挥了示范作用

中东欧16国全部被纳入"一带一路"倡议框架下，也是"一带一路"倡议沿线唯一一个整体被纳入该框架的区域，凸显了中东欧地区的重要性。自"一带一路"倡议推进以来，积极在中东欧地区布局五通，取得了显著成果，努力将"16+1合作"打造成"一带一路"倡议融入欧洲经济圈的重要"接口"以及中欧关系的新增长极。"16+1合作"启动一年后，就开始积极参与到"一带一路"倡议中，积极推动"一带一路"倡议在中东欧乃至欧洲的落地和发展。同时也推动了"一带一路"海上丝路（中欧陆海快线）和陆上丝路（新亚欧大陆桥和中欧班列）在欧洲的落地，推出了一系列互联互通项目，出台了一系列金融支持工具，积极推进民心相通，使得"一带一路"建设取得显著成效。中东欧地区

成为"一带一路"建设的示范区之一。

(三) 中国与塞尔维亚关系

1955 年，中国同南斯拉夫建立外交关系。南斯拉夫解体后，中国驻南斯拉夫大使馆先后更名为中国驻塞尔维亚和黑山大使馆（2003）、中国驻塞尔维亚共和国大使馆（2006）。2009 年，中塞宣布建立战略伙伴关系，两国外交部合作良好，建有磋商机制。

中国政府同塞尔维亚政府间建有经贸混委会机制，签有《投资保护协定》《避免双重征税协定》《基础设施领域经济技术合作协定》《文化合作协定》《科技合作协定》和《中华人民共和国公安部和塞尔维亚共和国内务部合作协议》等协议。

1995 年 12 月，中国与南联盟签订双边投资保护协定。1997 年 3 月，中国与南联盟签订避免双重征税协定。塞尔维亚继承了南联盟的国际法主体地位，因此上述两个协定仍然有效。

除了上述双边投资保护协定和避免双重征税协定之外，中国与塞尔维亚签署的其他协定见表1—1：

表1—1　　中国与塞尔维亚（原南联盟）签署的主要经贸领域双边协定

协定名称	双方签字人、职务	签字时间、地点
中华人民共和国政府和塞尔维亚共和国政府关于基础设施领域经济技术合作协定（附件三）	中国：商务部国际贸易谈判代表兼副部长傅自应 外方：塞尔维亚副总理兼建设、交通与基础设施部部长米哈伊洛维奇	2017 年 5 月 16 日于北京
中华人民共和国政府和塞尔维亚共和国政府经济技术合作协定	中方：商务部部长高虎城 外方：经济部部长塞尔蒂奇	2014 年 12 月 17 日于贝尔格莱德
中华人民共和国政府和塞尔维亚共和国政府关于基础设施领域经济技术合作协定（附件二）	中方：商务部部长高虎城 外方：外交部部长姆尔基奇	2013 年 8 月 26 日于北京

续表

协定名称	双方签字人、职务	签字时间、地点
中华人民共和国政府和塞尔维亚共和国政府经济技术合作协定	中方：商务部部长高虎城 外方：外交部部长姆尔基奇	2013年8月26日于北京
中华人民共和国政府和塞尔维亚共和国政府经济技术合作协定	中方：商务部副部长兼国际贸易谈判副代表钟山外方：财政和经济部部长丁基奇	2012年11月7日于贝尔格莱德
中华人民共和国政府和塞尔维亚共和国政府关于基础设施领域经济技术合作协定（附件一）	中方：驻塞尔维亚共和国特命全权大使张万学 外方：财政部国务秘书尼科兹奇	2012年5月8日于贝尔格莱德
中华人民共和国政府和塞尔维亚共和国政府经济技术合作协定	中方：商务部副部长傅自应 外方：欧洲一体化办公室主任戴莱维奇	2011年7月11日于贝尔格莱德
中华人民共和国政府和塞尔维亚共和国政府关于中国向塞尔维亚提供优惠贷款换文框架协议	中方：商务部副部长高虎城 外方：财政部国务秘书吉迪奇	2010年7月14日于贝尔格莱德
中华人民共和国政府和塞尔维亚共和国政府关于基础设施领域经济技术合作协定	中方：商务部部长陈德铭 外方：副总理兼经济和地区发展部部长丁基奇	2009年8月20日于北京
中南经济贸易协定	中方：外经贸部副部长石广生 外方：贸易部部长西拉多维奇	1995年9月8日于贝尔格莱德

自 2006 年塞尔维亚成为国际法主体以来，中塞政治关系持续稳定发展。

2017 年 3 月，塞尔维亚总统尼科利奇来华进行国事访问，习近平主席授予他"北京市荣誉市民"称号。2017 年 5 月，习近平主席会见来华出席"一带一路"国际合作高峰论坛的塞尔维亚总理、候任总统武契奇。习近平主席指出，中塞双方要抓紧落实《关于共同推进"一带一路"建设的政府间谅解备忘录》，加强对两国务实合作的规划和指导，加强发展战略对接，推进交通基础设施建设、能源、产能等重点领域合作，实现共同发展繁荣。武契奇表示，塞尔维亚是中国的坚定朋友和可靠伙伴，参加"一带一路"国际合作高峰论坛使塞尔维亚受益良多。"一带一路"建设将塞尔维亚同中国紧密相连，斯梅代雷沃钢厂等两国重点合作项目已取得积极成效。塞尔维亚感谢中方的一贯支持，坚持一个中国政策，希望深化两国经贸、矿业、基础设施、金融、航空、旅游等领域合作。

2017年9月，习近平主席特使、中共中央政治局委员、中央政法委书记孟建柱访塞，武契奇总统会见。孟建柱向武契奇转达习近平主席的亲切问候和良好祝愿。他指出，中方始终从战略高度和长远角度看待中塞关系，愿同塞方保持高层交往和人员交流，推动"一带一路"倡议与塞再工业化战略对接，支持鼓励中国企业赴塞投资兴业，深化各领域务实合作，打造中塞命运共同体。

2017年5月，塞尔维亚副总理兼建设、交通与基础设施部部长米哈伊洛维奇与中国商务部国际贸易谈判代表兼副部长傅自应分别代表两国政府在北京签署《中华人民共和国政府和塞尔维亚共和国政府关于基础设施领域经济技术合作协定附件三》。米哈伊洛维奇副总理在"一带一路"国际合作高峰论坛高级别会议"加快设施联通"平行主题会议上发言。

2017年6月，塞副总理拉西姆·利亚伊奇访问西安，出席塞尔维亚—中国（陕西）投资贸易及旅游合作洽谈会，并在西安举办克拉古耶瓦茨市投资项目说明会。拉西姆·利亚伊奇表示，作为本次丝博会暨西洽会的主宾国，塞尔维亚希望与陕西在基础设施建设、农业、能源产业、旅游业等方面扩大合作。

2017年11月，塞副总理兼贸易旅游和电信部部长利亚伊奇来华出席第四届世界互联网大会。

2017年11月，李克强总理在出席第六次中国—中东欧国家领导人会晤并访问匈牙利期间，会见塞尔维亚总理布尔纳比奇。李克强表示，中塞是全面战略伙伴，两国各领域互利合作硕果累累。

2017年年底，中共中央对外联络部在北京主办中国共产党与世界政党高层对话会，这是中国共产党首次与全球各类政党举行高层对话。塞尔维亚前进党副主席马尔科·究里奇表示："中国共产党领导中国人民，从苦难的历史中走出来，创造了令世界人民瞩目的伟大功绩。塞尔维亚前进党的最重要目标就是带领塞尔维亚人民共同发展塞尔维亚经济、提高人民生活水平，实现塞尔维亚综合国力的提升，提升塞尔维亚在地区的影响力，保护塞尔维亚国家和人民的利益。这些目标，同中国共产党带领中国人民要实现的目标高度一致。"

在"共建'一带一路'：政党的参与和贡献"分组专题会议中，塞尔维亚社会党副主席、议会外委会主席奥布拉多维奇与各国代表分享了塞尔维亚经验，他指出，塞尔维亚是"一带一路"建设迄今在欧洲取得成果最多的国家，"塞尔维亚从倡议提出之初就看到'一带一路'的发展潜力，事实证明，倡议确实能够促进沿线国家地区的发展，带动相关产业的兴旺"。他介绍说，中国企业不仅在基础设施建设上有着诸如"泽蒙—博尔查"跨多瑙河大桥的非凡成就，而且也通过收购塞尔维亚企业，挽救产业颓势，为塞尔维亚当地工人创造了更多的就业机会。"我们党希望作为企业与政府之间的桥梁，帮助企业寻找与当地发展需要之间的契合点，不仅可以有效提升竞争力，更能为吸引多样化项目提供样本。"作为国家政治生活的基本组织和重要力量，政党发挥着政治上的引领作用。但是，"纵观当今国际政治舞台，各国政党之间的交流很不充分，门户之见还很严重，还有一些政党对其他国家政党带有意识形态偏见，这在很大程度上制约了政党间的互信，妨碍了共同目标的达成，因而政党交流很有必要"。塞尔维亚贝尔格莱德平等世界论坛主席日瓦丁·约万诺维奇对人民日报记者表示。如塞尔维亚社会党主席、政府第一副总理达契奇所说，在中国共产党领导下，中国将成为世界发展的领导者和维护世界和平的重要力量。

（四）中国与塞尔维亚经济合作

1. 货物贸易

塞尔维亚从中国进口的商品主要为机械、家电、纺织、轻工、通信设备、办公及自动数据处理设备、工业通用设备、工业专用设备、电气设备及工具、服装、鞋类、纺织原料、金属制品和杂项制品等，对中国出口的主要商品为压缩机、小型碾压机、服装、鞋帽、旅行物品、金属制品和杂项制品等。

据中国海关统计，2015年中塞双边贸易额为5.49亿美元，同比增长2.3%。其中，中国出口4.15亿美元，同比下降2.0%；中国进口1.34亿美元，同比增长18.44%，中国顺差2.81亿美元，同比缩减9.4%。

目前，中国企业在塞投资主要分两类：一类是旅塞华商投资建设的中国商品销售中心；另一类是履行国内有关境外直接投资手续的较大额投资项目。

2016年6月中国国家主席习近平访问塞尔维亚期间，签署了20多项协议，涉及货币互换、再生能源、公路建设等多方面。习近平此次访问是推动"一带一路"倡议的一部分，使中国公司建立同欧洲之间新的经贸联系。中国在塞尔维亚的投资额已超过10亿美元，多数是以软贷款、投资修建公路和能源项目的形式。

据中国海关总署统计，2017年，中塞双边贸易额7.57亿美元，同比增长27.3%。其中，中方出口额5.46亿美元，同比增长26.2%；进口额2.11亿美元，同比增长30%。

塞尔维亚统计局资料显示，2017年，双边贸易额23.9亿美元，同比增长22.9%。其中，塞方出口额6.2亿美元，同比增长23.8倍；塞方进口额17.7亿美元，同比增长16.4%。

表1—2　　　　2017年塞尔维亚与主要经济体货物贸易情况　　　单位：亿美元

国别	中国		俄罗斯		德国		意大利		法国		美国		进/出口总额	
项目	进口	出口	进口	出口	进口	出口	进口	出口	进口	出口	进口	出口	进口	出口
总额	17.7	0.62	15.9	10.0	27.7	21.3	22.1	22.4	6.3	5.0	3.0	2.6	219	170
占比	8.1%	0.4%	7.2%	5.9%	12.6%	12.5%	10.1%	13.2%	2.9%	2.9%	1.4%	1.5%	—	—
排名	3	30	4	4	1	2	2	1	10	12	21	19	—	—

数据来源：塞尔维亚国家统计局网站www.stat.gov.rs。

对比2017年中塞两国货物贸易统计数据，可以发现，双方统计数据差异巨大，迫切需要两国统计部门进行业务合作，统一统计口径，真实可靠地增强双边贸易统计数据的有效性和可利用性。

对比中国海关数据，中塞双边贸易总额2017年较2016年涨幅扩大近

19%，其中，中方出口额涨幅扩大21%，中方进口额涨幅扩大10%。这反映出双边贸易总体呈现积极发展态势，但中方仍应继续探索挖掘双边货物贸易潜力，努力平衡顺差。

纵观2017年塞尔维亚与世界主要经济体货物贸易情况，可以看出，2017年中塞贸易逆差问题仍在持续。对比2016年塞尔维亚统计局中塞贸易数据，可以看出，中国正加强从塞进口货物的意愿，并付出努力。一年间，中方自塞进口额从0.25亿美元飞升至0.62亿美元，虽然中方与塞尔维亚仍有较大贸易逆差，但双边贸易不平衡态势较2016年及以前年份已发生较大变化。与世界主要经济体相比，中国在塞尔维亚对外贸易的进出口排名相差较大，这也从一个侧面说明，双方仍有很多贸易机会有待共同挖掘。

在进出口结构方面，根据国际贸易标准分类（SITC），表1—3为2017年中塞货物贸易分类情况：

表1—3　2017年塞尔维亚出口中国货物商品分类情况（到岸价）

项目	总额（亿美元）	中国（亿美元）	占比（%）
1. 食品及可食用活动物	22.916	0.013	0.058
2. 饮料及烟类	4.956	0.014	0.282
3. 非食用原料	5.992	0.246	4.105
4. 矿物燃料、润滑油及相关原料	4.356	0.001	0.023
5. 动植物油脂及蜡	1.877	0.008	0.426
6. 化学品及相关制品	15.709	0.018	0.115
7. 以材料分类的制成品	40.176	0.016	0.039
8. 机械及运输设备	47.618	0.272	0.571
9. 杂项制品	22.581	0.033	0.146
10. 未分类的其他商品	3.790	0.0002	忽略不计
总额	170	0.621	0.365

资料来源：塞尔维亚国家统计局。

表1—4　2017年塞尔维亚从中国进口货物商品分类情况（到岸价）

项目	总额（亿美元）	中国（亿美元）	占比（%）
1. 食品及可食用活动物	12.697	0.079	0.622
2. 饮料及烟类	3.150	0.107	3.397
3. 非食用原料	10.659	0.108	1.013
4. 矿物燃料、润滑油及相关原料	22.956	0.003	0.013
5. 动植物油脂及蜡	0.665	0.008	1.203
6. 化学品及相关制品	31.042	1.292	4.162
7. 以材料分类的制成品	41.243	2.763	6.699
8. 机械及运输设备	56.096	7.726	13.773
9. 杂项制品	16.315	3.219	19.73
10. 未分类的其他商品	24.381	2.372	9.729
总额	219	17.7	8.1

资料来源：塞尔维亚国家统计局。

2. 贸促展览

2017年5月，第84届塞尔维亚国际农业展览会和2017中国农业（塞尔维亚）展览会在诺维萨德展览中心开幕。中国一拖、石家庄弘得发机械有限公司等来自中国8个省市的40余家企业参展。中国国际贸易促进委员会副会长陈洲出席开幕式。他与塞尔维亚工商会副主席米罗斯拉夫·米勒蒂奇在贝尔格莱德进行工作会晤，并签署中国贸促会与塞尔维亚工商会合作协议。米勒蒂奇指出，希望进一步加强两国在农产品贸易、技术转移和行业标准制定等方面的交流与合作。此外，塞尔维亚关注新能源汽车产业发展，希望与中国贸促会在推动该领域企业投资方面寻求合作。

2017年6月，丝绸之路国际博览会暨第21届中国东西部合作与投资贸易洽谈会在陕西西安召开，主宾国为塞尔维亚共和国，塞尔维亚副总理拉西姆·利亚伊奇出席。同时，塞尔维亚—中国（陕西）投资贸易及旅游合作洽谈会也在西安召开。2017年丝博会期间，陕西省与塞尔维亚开展了投资、贸易及旅游合作方面的洽谈，在能源科技、农业、食品加工、对外经贸、旅游文化等领域进行了部分项目的对接。

3. 基础设施

《联合声明》第 3 条指出，两国要进一步加强能源和交通基础设施领域的合作。2017 年 1 月，中国中车株机公司制造的中国首台欧标 7000 千瓦功率的电力机车（火车头）发往塞尔维亚。10 月，该电力机车牵引 2208 吨货物正式上线运营，最高运营时速 140 公里，平直线路可牵引 4500 吨货物。这标志着"中国制造"电力机车正式服务于巴尔干半岛最繁忙的货运线路，为塞尔维亚能源供应提供高效的动力保障。

2017 年 3 月，中国交建承建的塞尔维亚 E763 高速公路[①]起点段（苏尔钦—奥布雷诺瓦茨段）开工，该段全长 17.6 公里，合同金额 2.33 亿美元，项目整体工期 36 个月。当年 5 月 5 日该路段开始正式施工。因施工进度稳定、工程与欧盟标准相符，塞建设、交通和基础设施部部长米哈伊洛维奇将中国交建承建的这一高速路段视为样板工程。该路段建成后，运输车辆可利用贝尔格莱德环城公路而不再绕行贝尔格莱德市中心，极大改善贝尔格莱德的交通环境。同时，该路段也是塞尔维亚连接黑山出海口的重要通道，是巴尔干地区与周边国家的运输大动脉。该路段的建成有望降低塞尔维亚进出口贸易的物流成本。

2017 年 8 月 21 日，塞尔维亚举行"中塞务实合作日"活动，武契奇总统和前总统尼科利奇等政要出席并视察了由中国路桥工程有限责任公司承建的 E763 高速公路苏尔钦—奥布雷诺瓦茨段施工现场，体现了塞方对基础设施领域的高度重视。

4. 金融合作

2016 年 6 月，中国人民银行与塞尔维亚中央银行签署规模为 15 亿元人民币/270 亿塞尔维亚第纳尔的双边本币互换协议，有效期三年，经双方同意可以展期。互换协议的签署有利于加强两国金融合作，便利双边贸易和投资。2017 年中国金融机构深耕塞尔维亚市场，两国金融合作稳步推进。2017 年 1 月 21 日，中国银行（塞尔维亚）有限公司开业，标志着塞尔维亚第一家中资银行成立。

---

① E763 高速公路即贝尔格莱德—南亚得里亚海高速公路，是泛欧 11 号走廊高速公路的重要组成部分。

5. 创新合作

在科技创新领域，两国以中塞政府间科技合作委员会为指导，深入推进科技领域的交流与合作。

2015年11月，在李克强总理和武契奇总理的共同见证下，中国科技部副部长曹健林和塞尔维亚教育科技发展部部长塞尔蒂奇分别代表两国正式签署《中华人民共和国科学技术部与塞尔维亚共和国教育科技发展部关于组织中方科学家参加塞方国家科研项目评审的谅解备忘录》。根据双方协议，中国科技部将组织中方相关领域的科学家参加2016—2020年度及以后时期的塞尔维亚国家科研项目的评审。

2016年，中塞各领域务实合作全面开花，成果丰硕，在基建、投资、能源、金融和贸易等领域都取得长足进展。河钢集团收购了塞斯梅代雷沃钢厂，这是中资企业在欧洲收购的首家钢铁企业，是产能合作"走进"中东欧地区的重大突破。匈塞铁路前期准备工作取得重要进展，签署了系列协议。E763高速公路、贝尔格莱德环城路、科斯托拉茨电站等大型基建项目持续推进。中土集团签约铁路修复改造项目，中车株机通过国际招标方式，获得电力机车进入塞尔维亚的首笔订单。苏州金龙的超级电容客车也打入塞市场，首次实现欧洲国家公交线路上的商业化运营。2017年1月15日起，中塞互免签证协定正式生效，这是我国同欧洲国家签署的第一个实质性免签协定，具有带动效应。在中国与塞尔维亚合作大背景下，梳理中国与塞尔维亚税收差异，并分析企业境外风险管理中存在的问题具有非常重要的现实意义。

二 中国税收制度变迁及现行的税收制度

（一）中国税收制度变迁

改革开放以来，我国四十多年的税制改革进程大体上可以划分为三个阶段：第一个阶段是1978—1993年（中共十一届三中全会至中共十四届三中全会以前），即经济转轨时期。这是我国改革开放以后税制改革的起步阶段。第二个阶段是1994—2013年（中共十四届三中全会至中共十八届三中全会以前），即建立社会主义市场经济体制时期。这是我国改革开放以后税制改革的深化阶段，逐步建立了适应社会主义市场经济体制需要的新税制。第三个阶段从 2013 年（中共十八届三中全会）开始，即全面深化改革时期，这是我国改革开放以后税制改革完善的阶段，改革的目标是建立适应新时代发展要求的现代税收制度。

1. 第一个阶段（1978—1993）：税制改革的起步阶段

这段时间是中共十一届三中全会至中共十四届三中全会以前，即经济转轨时期。这个阶段的税收工作主要成绩有 3 个方面：首先，从思想上拨乱反正，正确认识社会主义社会中税收的地位和作用；其次，在税制改革上，以适应对外开放需要、建立涉外税收制度为起点，继而配合城市的经济改革，实行了国营企业"利改税"和工商税收制度的全面改革；最后，在税务机构和队伍建设方面，也取得了很大的进展，包括恢复税务机构，增加税务人员，省级税务局和财政部税务总局先后升格等。

这个阶段的改革中也有一些不足，如在所有制理论、税利关系等方面的认识存在一些偏差，某些税负不够合理；税收万能论有所抬头，开征某些税费的效果不太理想等。

2. 第二个阶段（1994—2013）：税制改革深化的阶段

这段时间是从中共十四届三中全会开始，至中共十八届三中全会为止。该阶段逐步建立了适应社会主义市场经济体制需要的新税制。特别是 1994 年的税制改革。其主要内容为：一是全面改革货物和劳务税制，实行了增值税、消费税和营业税并行，内外统一的货物和劳务税制；二是改革企业所得税制，将过去对国营企业、集体企业和私营企业分别征收的多种企业所得税合并为统一的企业所得税；三是改革个人所得税制，将过去对外国人征收的个人所得税、对中国人征收的个人收入调节税和城乡个体工商业户所得税合并为统一的个人所得税；四是大幅度调整其他税收，如扩大资源税的征收范围，开征土地增值税，取消盐税、烧油特别税、集市交易税等 12 个税种。与此同时，实行了分税制财政管理体制改革，加强了国家税务总局对税收工作的领导，并将省以下税务机构分设为国税局、地税局两个系统。此后，中国继续完善税制，主要内容一是逐步统一城乡税制，以取消农业税为代表；二是逐步统一内外税制，以企业所得税"两法合并"为代表。此外，中国也逐步取消了一些过时的税种，如固定资产投资方向调节税、筵席税等。

1994 年税制改革中存在的主要不足有：一是由于多项改革同步实施，

相互制约严重;二是由于时间紧、任务重,准备工作比较仓促;三是由于经济、财政状况紧张,有些改革受到了很大的制约。此后的改革中出现的主要问题是,由于认识不同和利益博弈,某些改革耗时比较久,甚至严重滞后。

3. 第三个阶段(2013年至今):全面深化改革时期

这是我国改革开放以后税制改革完善的阶段,改革的目标是建立适应新时代发展要求的现代税收制度。近五年来,税制改革已经取得了重要的进展。在货物和劳务税改革方面,营业税改征增值税试点已经全面推行,消费税也做了一些重要的调整。在所得税方面,采取了很多鼓励企业发展的措施,如加速固定资产折旧、研发费用加计扣除和小微企业减半征税等;个人所得税法修正案于2019年1月1日全面施行。在财产税方面,资源税改革已经全面推行,主要内容是把从量定额征收为主改为从价定率征收为主;房地产税的立法正在准备中。此外,2018年3月全国人民代表大会通过了《关于国务院机构改革方案的决定》,规定省级以下国税、地税机构合并,具体承担所辖区域以内各项税收、非税收入征管等职责,实行以国家税务总局为主与省级人民政府双重领导的管理体制。目前此项改革正在顺利实施,其最大的好处就是有利于精简机构,提高工作效率,降低征纳成本。

从我国的税收收入来看,四十年来的变化很大。随着我国经济发展、效率提高、分配制度改革和管理工作加强,全国税收收入持续快速增长,从1978年的519.3亿元增加到2017年的144369.9亿元,增长了277倍;税收收入占财政收入、国内生产总值的比重也分别从1978年的45.9%、14.2%提高到2017年的83.6%、17.5%,分别提高了37.7%和3.3%。随着经济结构的变化和分配制度的改革,我国的税收结构也发生了很大的变化:从税种类别来看,货物和劳务税收收入占全国税收收入的比重从1978年的83.6%下降到2017年的51.9%,降低了31.7%;所得税收收入占全国税收收入的比重从1978年的10.4%上升到2017年的33.9%,提高了23.5%;财产税税收收入占全国税收收入的比重从1978年的0.2%上升到2017年的9.5%,提高了9.3%。从所有制来看,1978年,来自国有企业、集体企业的税收收入占全国税收收入的比重分别为七成、三成左右,来自个体经济的税收收入占全国税收收入的比重不足

1%；2017年，来自股份制企业、私营企业和个体经营者、涉外企业、国有企业的税收收入占全国税收收入的比重分别为49.4%、18.1%、18.7%和9.5%。

（二）中国现行的税收制度

几经变革，目前，我国共有增值税、消费税、企业所得税、个人所得税、资源税、城镇土地使用税、房产税、城市维护建设税、耕地占用税、土地增值税、车辆购置税、车船税、印花税、契税、烟叶税、关税、船舶吨税17个税种。其中，15个税种由税务部门负责征收；关税和船舶吨税由海关部门征收，另外，进口货物的增值税、消费税也由海关部门代征。

1. 增值税

对在我国境内销售货物或者提供加工、修理修配劳务以及进口货物的单位和个人征收提供应税劳务、转让无形资产和销售不动产。增值税纳税人分为一般纳税人和小规模纳税人。对一般纳税人，就其销售（或进口）货物或者提供加工、修理修配劳务的增加值征税，基本税率为16%，低税率为10%和6%，分别适用不同的征税范围；对小规模纳税人，实行简易办法计算应纳税额，征收率为3%。增值税的纳税期限一般为1个月。另外，根据纳税人应纳增值税额的大小，还有1日、3日、5日、10日、15日、1个季度这六种应纳税期限，其中1个季度的规定适用于小规模纳税人、银行、财务公司、信托投资公司、信用社以及财政部和国家税务总局规定的其他纳税人。纳税人以1个月或1个季度为1个纳税期的，自期满之日起15日内申报纳税；以1日、3日、5日、10日、15日为1个纳税期的，自期满之日起5日内预缴税款，于次月1日起15日内申报纳税并结清上月应纳税款。

2. 消费税

对在我国境内生产、委托加工和进口应税消费品的单位和个人征收。征税范围包括烟、酒和酒精、化妆品、贵重首饰和珠宝玉石等14个税目。消费税根据税法确定的税目，按照应税消费品的销售额、销售数量分别实行从价定率或从量定额的办法计算应纳税额。消费税的纳税期限与增值税的纳税期限相同。

3. 企业所得税

在中国境内的一切企业和其他取得收入的组织（不包括个人独资企业、合伙企业），为企业所得税纳税人。企业分为居民企业和非居民企业。居民企业应当就其来源于中国境内、境外的所得缴纳企业所得税。非居民企业根据其是否在中国境内设立机构、场所，以及所得是否与境内机构、场所有实际联系确定应纳税所得额。企业所得税以企业每一纳税年度的收入总额，减除不征税收入、免税收入、各项扣除以及允许弥补的以前年度亏损后的余额，为应纳税所得额。税率为25%。企业所得税按纳税年度计算，纳税年度自公历1月1日起至12月31日止。企业所得税实行按月或按季预缴、年终汇算清缴、多退少补的征收办法，即企业应当自月份或者季度终了之日起15日内，向税务机关报送预缴企业所得税纳税申报表，预缴税款。企业应当自年度终了之日起5个月内，向税务机关报送年度企业所得税纳税申报表，并汇算清缴，结清应缴应退税款。

4. 个人所得税

以个人取得的各项应税所得（包括个人取得的工资、薪金所得，个体工商户的生产、经营所得等11个应税项目）为对象征收。除工资、薪金所得适用3%—45%的7级超额累进税率，个体工商户（注：个人独资企业和合伙企业投资者比照执行）的生产、经营所得和对企事业单位的承包经营、承租经营所得适用5%—35%的5级超额累进税率外，其余各项所得均适用20%的比例税率。自2018年10月1日起，工资、薪金所得减除费用标准从每月3500元提高到每月5000元。纳税期限是：扣缴义务人每月所扣和自行申报纳税人每月应纳的税款，在次月15日内缴入国库；个体工商户生产、经营所得应纳的税款，按年计算，分月或者分季度预缴，年度终了后3个月内汇算清缴，多退少补；对企事业单位承包经营、承租经营所得应纳的税款，年终一次取得所得，取得之日起30日内办理申报纳税；年内分次取得所得的，每次取得所得后的次月15日内申报预缴，年度终了后3个月内汇算清缴，多退少补；从中国境外取得所得的，在年度终了后30日内，向中国境内主管税务机关办理纳税申报。年所得12万元以上的纳税人，在年度终了后3个月内自行向税务机关进行纳税申报。

5. 资源税

对在我国境内开采各种应税自然资源的单位和个人征收。征税范围包括原油、天然气、煤炭、其他非金属矿原矿、黑色金属矿原矿、有色金属矿原矿、盐等7大类。资源税采用从价定率和从量定额的方法征收。原油、天然气产品的资源税税率为销售额的6%。资源税其他税目因资源的种类、区位不同，税额标准为1%—20%或者每立方米、每吨1元到10元不等。

6. 城镇土地使用税

以在开征区域内的国家所有和集体所有的土地为征税对象，以实际占用的土地面积为计税依据，按规定税额对使用土地的单位和个人征收。其税额标准依大城市、中等城市、小城市和县城、建制镇、工矿区分别确定，在每平方米0.6—30元。城镇土地使用税按年计算、分期缴纳，具体纳税期限由各省、自治区、直辖市人民政府根据当地的实际情况确定。

7. 房产税

以城市、县城、建制镇和工矿区范围内的房屋为征税对象，按房产余值或租金收入为计税依据，纳税人包括产权所有人、房屋的经营管理单位（房屋产权为全民所有）、承典人、代管人、使用人。其税率分为两类：按照房产余值计算应纳税额的，适用税率为1.2%；按照房产租金收入计算应纳税额的，适用税率为12%，但个人按市场价格出租的居民住房，减按4%的征收率征收。房产税按年征收、分期缴纳。自2009年1月1日起，外商投资企业、外国企业和组织以及外籍个人（包括港澳台资企业和组织以及华侨、港澳台同胞）依照《中华人民共和国房产税暂行条例》缴纳房产税。

8. 城市维护建设税

对缴纳增值税、消费税、营业税的单位和个人征收。它以纳税人实际缴纳的增值税、消费税、营业税为计税依据，区别纳税人所在地的不同，分别按7%（在市区）、5%（在县城、镇）和1%（不在市区、县城或镇）三档税率计算缴纳。城市维护建设税分别与增值税、消费税、营业税同时缴纳。

9. 耕地占用税

对占用耕地建房或者从事其他非农业建设的单位和个人，依其占用耕地的面积征收。其税额标准在每平方米5—50元。获取占用耕地的单位或者个人应当在收到土地管理部门的通知之日起30日内缴纳耕地占用税。

10. 土地增值税

以纳税人转让国有土地使用权、地上建筑物及其附着物所取得的增值额为征税对象，依照规定的税率征收。它实行4级超率累进税率，税率分别为30%、40%、50%、60%。纳税人应当自转让房地产合同签订之日起7日内向房地产所在地主管税务机关办理纳税申报，并在税务机关核定的期限内缴纳土地增值税。由于涉及成本确定或其他原因，而无法据以计算土地增值税的，可以预征土地增值税，待项目全部竣工，办理结算后再进行清算，多退少补。

11. 车辆购置税

对购置汽车、摩托车、电车、挂车、农用运输车等应税车辆的单位和个人征收。车辆购置税实行从价定率的方法计算应纳税额，税率为10%。计税价格为纳税人购置应税车辆而支付给销售者的全部价款和价外费用（不包括增值税）；国家税务总局参照应税车辆市场平均交易价格，规定不同类型应税车辆的最低计税价格。纳税人购置应税车辆的，应当自购置之日起60日内申报纳税并一次缴清税款。

12. 车船税

以在我国境内依法应当到车船管理部门登记的车辆、船舶和依法不需要在车船管理部门登记、在单位内部场所行驶或者作业的机动车辆和船舶为征税对象，向车辆、船舶的所有人或管理人征收。分为乘用车、商用车等6大税目。各税目的年税额标准在每辆36—5400元，或自重（净吨位）每吨3—60元，游艇为艇身长度每米600—2000元。车船税按年申报缴纳。

13. 印花税

订立、领受在中华人民共和国境内具有法律效力的应税凭证，或者在中华人民共和国境内进行证券交易的单位和个人，为印花税的纳税人。根据应税凭证的性质，分别实行比例税率或者定额税率。其中：应税合同按不同类型，税率分别为合同列明价款或者报酬的万分之三、万分之零点五和千分之一；应税产权转移书据税率为支付价款的万分之五；应税权利、许可证照税率为每件五元；应税营业账簿税率为实收资本（股本）、资本公积合计金额的万分之二点五；证券交易税率为成交金额的千分之一。印花税统一实行申报纳税方式，不再采用贴花的纳税方式；证券交易印花税仍按现行规定，采取由证券登记结算机构代扣代缴方式。印花税按季、按年或者按次计征。实行按季、按年计征的，纳税人应当于季度、年度终了之日起十五日内申报并缴纳税款。实行按次计征的，纳税人应当于纳税义务发生之日起十五日内申报并缴纳税款。证券交易印花税按周解缴。证券交易印花税的扣缴义务人应当于每周终了之日起五日内申报解缴税款及孳息。

14. 契税

契税以出让、转让、买卖、赠予、交换发生权属转移的土地、房屋为征税对象，承受的单位和个人为纳税人。出让、转让、买卖土地、房屋的税基为成交价格，赠予土地、房屋的税基由征收机关核定，交换土地、房屋的税基为交换价格的差额。税率为 3%—5%。纳税人应当自纳税义务发生之日起 10 日内办理纳税申报，并在契税征收机关核定的期限内缴纳税款。

15. 烟叶税

对在我国境内收购烟叶（包括晾晒烟叶和烤烟叶）的单位，按照收购烟叶的金额征收，税率为 20%。纳税人收购烟叶，应当向烟叶收购地的主管税务机关申报纳税。烟叶税按月计征，纳税人应当自纳税义务发生月终了之日起 15 日内申报并缴纳税款。

16. 关税

关税的征税对象是准许进出境货物和物品。进口货物的纳税义务人为收货人；出口货物的纳税义务人为发货人；进出境物品的纳税义务人为所有人和推定所有人。我国进口税则设有最惠国税率、协定税率、特惠税率、普通税率、关税配额税率等；我国出口税则对 100 种余种商品征收出口关税，对部分商品可实行暂定税率。进口货物应自运输工具申报进境之日起 14 日内；出口货物除海关特许外，应自货物运抵海关监管区后、装货的 24 小时以前。纳税人应自海关填发税款缴款书之日起 15 日内缴纳关税。

17. 船舶吨税

船舶吨税简称吨税，自中华人民共和国境外港口进入境内港口的船舶，应缴纳船舶吨税。其税率有优惠税率和普通税率两档，船舶净吨位不同，税率不同。并且执照期限越长，同一船舶净吨位下的税率越大。吨税由海关负责征收，吨税纳税义务发生时间为应税船舶进入港口的当日，应税船舶负责人应当自海关填发吨税缴款凭证之日起15日内缴清税款。

需要说明的是，尽管中国税法规定有17种税（含关税和船舶吨税），但并不是每个纳税人都要缴纳所有的税种。纳税人只有发生了税法规定的应税行为，才需要缴纳相应的税收，如果没有发生这些应税行为，就不需要缴纳相应的税收。从实际情况来看，规模比较大、经营范围比较广的企业涉及的税种一般在10个左右，而大多数企业缴纳的税种在6—8个。

三　塞尔维亚税收制度变迁及现行的税收制度

（一）塞尔维亚税收制度概览

1. 塞尔维亚税制综述

塞尔维亚全国执行统一的税收制度，以中央税为主，并以所得税和增值税为税收体系的核心。

塞尔维亚继续适用相关国家与南斯拉夫、塞尔维亚及黑山联盟缔结的税收协定直至其缔结新规定，已通过官方公告正式批准发布现行有效并成为塞尔维亚的法律的组成部分，其法律效力高于塞尔维亚国内法。

塞尔维亚已缔结的税收协定共54项。

塞尔维亚税收协定一般符合经合组织（OECD）协定范本要求。

根据《塞尔维亚宪法》第137条，法律可将塞尔维亚共和国所享有的权力赋予自治省与地区政府（包括市、县和贝尔格莱德城）。塞尔维亚税收征管法规定，自治地区应在税收征管法规定的范围内合理适用征管规定。塞尔维亚只有中央税，没有地方税，因此，地方政府主要负责所在地区的中央税的征管。

2. 塞尔维亚税收法律体系

塞尔维亚全国执行统一的税收制度，以中央税为主，并以所得税和增值税为税收体系的核心，主要税种包括公司所得税、增值税、个人所得税、不动产税、社会保障税和财产转让税等，各种税收均由立法确定并保护。根据塞尔维亚法律规定，税金核定、征缴、退回等业务的执行权的期限为10年，但对税务违法行为可终身追溯。

塞尔维亚税务局是财政部所设的一个行政机关，负责开展与以下事项相关的公共行政活动，包括纳税人注册、税务审计、披露税收犯罪以及塞尔维亚税收征管法规定的其他事项。各自治地区的税务局在确认、征收及监管税收，以及执行强制性措施过程中，不具有以下权限：①纳税人注册管理；②通过对比和交叉审查的方法评估税基；③披露税收犯罪；④在二审程序中出具税收裁决；⑤税收征管法相关规定禁止的其他事项。

塞尔维亚税收执法应当遵循以下原则：①税收法定：税务局应当依据法律规定行使职权，在需要行使裁量权的情况下，税务局应当以行使此种裁量权的目的为限依法裁量，税务局有义务发现所有有助于裁决的事实，无论相关事实是否对纳税人不利；②税收时效：税负应当根据其产生时现行有效的规定确认，除非相关法律规定，根据宪法和法律的规定具有溯及以往的效力，税收程序也应依据执行当时现行有效的规定完成；③获取事实权：在对纳税人的权利或义务作出裁决之前，如纳税人申请，税务局有义务将相关的法律和事实依据告知纳税人；④税收程序保密：应对以下事项严格保密：其一，在税收程序、轻罪程序或诉讼程序中由税务局或其他第三方获取的关于纳税人的任何文件、信息、数据和其他事实，其二，在税收程序、轻罪程序或诉讼程序中由税务局或其他第三方获取的技术发明、专利和纳税人申请技术专利权相关的其他数据；⑤善意原则：税收程序的参与方应当秉持善意原则，税收征管的频率与时间长度都应控制在必要的限度内；⑥事实确立原则：税收事实应当依据其经济性质确立，如果纳税人试图使用伪造的法律事实来掩藏另一个法律事实，应以后者为准来确定税基，如果取得收入或财产的方式违背了相关规定，税务局应当根据与相应税种相关的法规来确定税负。

（二）近三年重大税制变化

塞尔维亚近年并无与税基侵蚀与利润转移（BEPS）相关的重大税制改革，已推行的税制改革主要集中在增值税、社会保障法、转让定价规则以及税收征管法方面。

1. 增值税

2015 年 9 月 28 日，议会通过增值税修改法案，主要修改内容如下：①对招待住宿服务和旅客及其行李运输服务适用 10% 的低税率；②允许雇主抵扣因员工餐饮及交通所发生的增值税；③对建筑行业中向具有承包商资质主体提供的服务适用特别规则；④允许非居民纳税人通过指定税务代理履行增值税注册义务；⑤电力、天然气、暖气和制冷能源的进口免征增值税；⑥季度增值税纳税申报表须在季度结束的次月 15 日内提交。

2016 年 12 月 28 日，议会发布增值税修改法案，主要修改内容如下：①服务提供地的确认规则被修改为与欧盟增值税规则相一致，即：原则上，如服务接收方是增值税纳税人，服务提供地即为服务接收方所在地，如服务接收方是非增值税纳税人，服务提供地是服务提供方所在地；②废除育有儿童的家庭所享受的婴儿产品与食品增值税特殊退税政策。

2. 社会保障法

2014 年 5 月 30 日，议会通过修改了的《法定社保法案》及《个人所得税法》，主要修改内容如下：①健康保险的雇主与雇员支付费率均调至 6.15%；②养老基金与工伤保险的雇主支付费率由 11% 增至 12%，雇员支付费率由 13% 增至 14%；③雇佣新员工的雇主可获得一定的社保补助，补助比例与所雇佣的新员工数成正比。

3. 转让定价

2014 年 1 月 28 日，财政部通过了《转让定价规则手册》修定法案，主要修改内容如下：①对某些非重复性或小额交易适用简易报告义务，即只需报告交易概要、定价估值及关联双方名称；②可比非受控价格法：非关联方交易的服务或货物成本可作为关联交易的内部可比对象，前提是两个交易的交易条件具有可比性。

2015 年 2 月 27 日，财政部发布关于确认公平交易利息率的更新规则。

2016 年 12 月 28 日，塞尔维亚国会正式通过了新的《税收征管法》，该法于 2017 年 1 月 1 日生效。新征管法规定，财政部将取代税务机关成为新的上诉机构，负责关于税务部门的裁决的诉讼。其中，对于以前的诉讼案件，若 2017 年 6 月 30 日前尚未结案，2017 年 7 月 1 日开始由财政部接管。

（三）塞尔维亚主要税率

①工资税：税率为 12%；

②其他个人所得税：税率为 20%；

③高工资年收入税：税率为 10%—15%（对非塞尔维亚居民的净塞尔维亚来源所得，如超过免征额，超过免征额的部分，不超过六倍年平均工资收入的，适用 10% 的税率，超过六倍平均工资收入的部分，适用于 15% 的累进税率）；

④增值税：税率为 20%（农产品、生活必需品和儿童用品 10%）；

⑤企业所得税：税率为 10%；

⑥企业预提所得税：税率为 20%；

⑦社会保险福利捐：总计 35.8%，其中，员工和业主各自分别负担 17.9%（养老和伤残保险 11%，医疗保险 6.15%，失业保险 0.75%）；

⑧财产税：0.4%—3%（累进税，财产额 1000 万第纳尔及以下，税率为 0.4%；1000 万—2500 万第纳尔，税率为 0.6%；2500 万—5000 万第纳尔，税率为 1%；5000 万第纳尔以上，税率为 2%）。

（四）塞尔维亚外商投资税收优惠

1. 外商直接投资优惠

2007 年以来，塞尔维亚政府为促进外商直接投资，对投资 5000 万欧元以上的大型战略投资者提供优惠安排。对经过塞尔维亚外国投资促进局审批后符合条件的投资者，塞尔维亚政府给予利率 1% 的优惠贷款。主要鼓励投资领域包括：公路建设、卫生和环保、经济开发建设（增加就业、促进企业生产、能源和交通、农业、水利、科技、旅游）和公共行政建设。

地方政府财政支持主要包括减免部分地方税，对投资商给予土地价格优惠或无偿提供土地，对使用土地进行基础设施建设和发展企业生产等提供审批及减免费用便利。

对外资企业给予的具体奖励和减免税办法是：

新增就业人员奖励：其一，生产性企业：最低投资额100万—500万欧元，并且新增就业人员最低达到50人，政府一次性奖励2000—5000欧元/人；其二，国际营销服务业：最低投资额50万欧元，并且新增就业人员最低达到10人，政府一次性奖励2000—10000欧元/人；其三，研发企业：最低投资额25万欧元，并且新增就业人员最低达到10人，政府一次性奖励5000—10000欧元/人。

专项优惠信贷基金：塞尔维亚政府设立了专项优惠信贷基金，用于资助外资和内资企业的发展，主要针对开发性和并购性投资项目。优惠信贷的利率为1%。

①资助领域：工业生产、国际营销和服务、贸易和旅游及服务和农业研发。

②资助标准：第一，投资商在塞尔维亚参与最终产品生产，并且在当地的投资项目富有成效；第二，投资项目具有可持续性和可实施性；第三，投资项目具有研发有效性；第四，投资项目能有效使用当地的人力资源；第五，投资项目具有环保性；第六，投资项目符合国际化营销战略；第七，投资项目对当地社会发展有贡献；第八，投资项目取得地方政府支持，并获免地方税收优惠。

③基金申请和发放方式：投资商将申请表递交到塞尔维亚外国投资和出口促进署。有关材料、信息和申请表等可在外国投资和出口促进署的官方网站下载获取，网址为：www.siepa.gov.rs。所申报投资项目经评估后，根据所获得的评分数，确定应给予的基金资助金额，由外国投资促进局在外资项目有效期内分四次发放。

2. 税收减免优惠

①对固定资产投资达800万欧元，投资期内新增就业人员100人以上的外资企业，免征10年企业所得税。对以租赁方式开展基础设施项目大型投资，免征5年企业所得税。

②对投资不足800万欧元的外资企业给予按比例抵扣减税优惠。外商

固定资产投资额的20%，可作为免税额度抵扣应交所得税（称为免税抵扣额度），但该免税抵扣额不能超过外商当年应交税额的50%。免税抵扣额度可留用，使用有效期最长为10年。

③对特定领域的外资实行高额免税抵扣办法。免税抵扣额度可达外商固定资产投资额的80%。免税抵扣额度可留用，使用有效期最长为10年。特定投资领域包括：农业、渔业、纺织生产、服装生产、皮革生产、初级金属加工、金属标准件制造、机械设备、办公设备、电气设备、广播电视及通讯设备、医疗器械、汽车、再生资源、影像制品。

④对中小企业给予免税抵扣优惠。抵扣额度比例为企业当年投资总额的40%，但免税抵扣额不能超过外商当年应交税额的70%。如免税抵扣额度未用，可留用10年。

⑤对新增就业工人的企业，两年内全免新增工人的工资税和社会保险税。

⑥企业在不定期内新雇员工（用人最低期限为一年），雇主在1—3年内免交新员工工资税。

⑦企业新创就业还可根据用工类别，在2—3年期内免交新增人员的社会保险税。

⑧企业的退税税金损益可以结转，并可冲减企业未来10年期内的税前利润额（所得税基数减少）。

⑨企业有权提高其固定资产的折旧率，在规定的折旧率基数上再提高25%。提高固定资产折旧率的优惠政策仅限于对环保、科研、教育、人力资源培训及计算机硬件领域的固定资产投资。

⑩对租赁经营实行免税。对投资租赁经营的企业，在其经营的前5年给予全免税的优惠。

⑪对外国投资项目中的设备、固定资产、科研设备、建材、卫生和环保设备及塞尔维亚不能生产的物资等全免进口关税。

⑫对商品出口及服务出口，免征增值税。

四 中国与塞尔维亚税收协定及相互协商程序

(一) 中塞税收协定

我国政府与世界各国以及地区签订的双边税收协定以避免双重征税和防止偷漏税为两大核心宗旨,其中尤以避免双重征税为重。税收协定的签订与实施使其成为我国税法体系的重要组成部分,在避免双重征税方面发挥了重要作用,对于改善国内投资环境、大力实施"引进来"战略以及中国企业"走出去"战略具有重要意义。中国居民赴塞投资应当特别关注中塞两国的税收协定,理解中塞税收协定的相关规则,借助于中塞税收协定的规定实施更为有效地税务筹划和商业安排,有效降低投资的税务成本和风险。可以说税收协定是一个成功的国际性商业计划中所必须要考虑到的因素。

1. 中塞税收协定

1997年3月1日,《中华人民共和国政府和南斯拉夫联盟共和国联盟政府关于对所得和财产避免双重征税的协定》在南斯拉夫首都贝尔格莱德签订,中华人民共和国代表陈新华和南斯拉夫联盟共和国联盟政府代表德·武契尼奇分别代表各自政府签署了该协定。2003年2月4日,南斯拉夫联盟共和国改国名为塞尔维亚和黑山共和国,上述协定继续适用。2006年6月3日,塞尔维亚和黑山共和国分解为塞尔维亚共和国和黑山共和国,上述协定继续适用于中国和上述两国。

1997年签订的协定共三十条,主体部分包括规定协定的适用范围、双重征税的解决办法、税收无差别待遇、协商程序以及税收情报交换几大内容,其中双重征税的解决办法所占篇幅最大,足可体现税收协定把消除双重征税作为核心目的和宗旨。相互协商程序条款是税收协定中的一项重要条款,其意义在于缔约国一方居民与缔约国另一方税务当局产生纳税争议后,缔约国一方居民可以寻求所在国政府的帮助,有效地解决跨国税务争议,维护自身权益。该程序对于化解中国居民国际税务争议具有重要意义,是中国居民赴塞投资过程中维护自身税务合法权益的重要途径。同时,国家税务总局于2013年9月发布了部门规范性文件《税收协定相互协商程序实施办法》,为税收协定中相互协商程序条款的适用提供了规范依据。中国居民应当特别关注税收协定相互协商程序中的相关规定，理解程序适用的范围、启动、效力等，并且能够积极合法地运用这一程序，从而有效解决跨国税收争议。如读者想获取中塞税收协定中文原文，请访问中国国家税务总局网站。

2. 适用范围

（1）主体范围

①如何确定"居民"身份

在适用主体方面，有权适用协定的主体是中国居民以及塞尔维亚居民。中国居民的界定以中国税法的具体规定为准。作为居民的"人"包括个人、公司和其他团体。

②双重居民身份的协调

个人既是中国居民又是塞尔维亚居民的，两国政府应当协商确定个人属于一国居民，从而避免个人对两国均承担完全的纳税义务。

公司既是中国居民又是塞尔维亚居民的，两国政府应当协商确定公司属于一国居民，如果不能协商确定，该公司则不能作为任何一国的居民而享受协定的税收优惠。如果一个塞尔维亚居民公司根据中国与第三国的税收协定中的规定同时属于第三国居民，那么该公司不能作为塞尔维亚居民公司享受中塞税收协定中的优惠政策。

（2）客体范围

在适用客体方面，中塞税收协定适用于中国企业所得税和个人所得税以及塞尔维亚公司所得税、财产税、对从事国际运输活动取得的收入、征收的税款及协定签订之日后征收的属于增加或者代替现行税种的相同或者实质相似的税收。

（3）领土范围

在领土范围方面，协定采用领土原则和税法有效实施原则相结合的方法，在认定中国和塞尔维亚两国协定适用的领土范围时，条件首先要满足属于两国的领土；其次，还要满足保证两国的税收法律能够有效实施。根据协定的规定，香港、澳门、台湾等地的居民不属于中国税收居民，不能主张适用中塞税收协定。

3. 常设机构的认定

常设机构是指缔约国一方的居民企业在缔约国另一方进行全部或者

部分营业活动的固定营业场所。常设机构的存在与否对于收入来源国的税收管辖权具有至关重要的影响。由于国际税收协定的主要功能是划分居住国与来源国对跨国收入的征税权,从而避免对跨国收入的双重征税,因此,国际税收协定通常采用的原则是居住国企业在来源国有常设机构的,来源国的征税权受限制程度低,居住国企业在来源国没有常设机构的,来源国的征税权受限制程度高。对于赴塞投资或者从事经营活动的中国居民来说,是否按照中塞税收协定的规定构成在塞尔维亚的常设机构,对于其税收成本具有重要影响。一个最为基本的税收筹划安排是,如何能够有效利用协定的规定来避免被认定为常设机构。因此,在明确中塞税收协定的适用范围后,有必要了解常设机构的概念以及中塞税收协定对于常设机构的具体规定。

1997年税收协定第五条规定了常设机构的概念、正面清单和负面清单。根据协定的规定,常设机构是指企业进行全部或者部分营业的固定营业场所。根据协定规定的正面清单,常设机构主要可以分为场所型常设机构、工程型常设机构、代理型常设机构以及服务型常设机构四类。协定规定的负面清单功能在于阻止上述四种类型常设机构的构成。

根据1997年税收协定,第五条"常设机构"特别包括:其一,管理场所;其二,分支机构;其三,办事处;其四,工厂;其五,作业场所;其六,矿场、油井或气井、采石场或者任何其他开采自然资源的场所。

"常设机构"还包括:建筑工地,建筑、装配或安装工程,或者与其有关的监督管理活动,但仅以该工地、工程或活动连续12个月以上的为限。

虽有上述规定,"常设机构"应认为不包括:

①专为储存、陈列或者交付本企业货物或者商品的目的而使用的设施;

②专为储存、陈列或者交付的目的而保存的本企业货物或者商品库存;

③专为另一企业加工的目的而保存本企业货物或者商品的库存;

④专为本企业采购货物或者商品,或者以搜集情报为目的所设的固定营业场所;

⑤专为本企业进行其他准备性或辅助性活动目的所设的固定营业场所;

⑥专为本款第①项至第⑤项活动的结合所设的固定营业场,如果由于这种结合使该固定营业场所的全部活动属于准备性质或辅助性质。

虽有第一款和第二款的规定,当一个人(除适用第六款规定的独立代理人以外)在缔约国一方代表缔约国另一方的企业进行活动,有权并经常行使这种权力以该企业的名义签订合同,这个人为该企业进行的任何活动,应认为该企业在该缔约国一方设有常设机构。除非这个人通过固定营业场所进行的活动限于第四款的规定,按照该款规定,不应认为该固定营业场所是常设机构。

4. 不同类型收入的税收管辖

中塞税收协定适用于由缔约国一方或其地方当局对跨境所得征收的所有税收,不论其征收方式如何。协定对两国跨境税收活动具体征税规定如表1—5所示:

表1—5　　　　　　　国际贸易对新技术型企业家精神的影响

所得类型	定义	征税规定
1. 不动产所得	"不动产"一语应当具有财产所在地的缔约国的法律所规定的含义。该用语在任何情况下应包括附属于不动产的财产,农业和林业所使用的牲畜和设备,有关地产的一般法律规定所适用的权利,不动产的用益权以及由于开采或有权开采矿藏、水源和其他自然资源取得的不固定或固定收入的权利。船舶和飞机不应视为不动产	中国居民从位于塞尔维亚的不动产取得的所得(包括农业或林业所得),可以在塞尔维亚征税
2. 营业利润	企业营业收入扣除其进行营业发生的各项费用,包括行政和一般管理费用,不论其发生于该常设机构所在国或者其他任何地方	中国企业的营业利润应仅在中国征税,但该企业通过设在塞尔维亚的常设机构在塞尔维亚进行营业的除外。如果该企业通过设在塞尔维亚的常设机构在塞尔维亚进行营业,其利润可以在塞尔维亚征税,但应仅以属于该常设机构的利润为限

续表

所得类型	定义	征税规定
3. 国际运输业务	主要是对企业以船舶、飞机经营国际运输业务所得征税	仅在该企业所在缔约国征税 仅在缔约国一方各地之间以船舶或飞机主要经营旅客或货物运输取得的利润，可以在该缔约国征税
4. 联属企业	联属企业是指两个企业之间的商业或财务关系不同于独立企业之间的关系	因此，本应由其中一个企业取得，但由于这些情况而没有取得的利润，可以计入该企业的利润，并据以征税
5. 股息	"股息"一语是指从股份或者非债权关系分享利润的权利取得的所得，以及按照分配利润的公司是其居民的缔约国法律，视同股份所得同样征税的其他公司权利取得的所得	缔约国一方居民公司支付给缔约国另一方居民的股息，可以在该缔约国另一方征税，然而，这些股息也可以在支付股息的公司是其居民的缔约国，按照该缔约国法律征税。如塞尔维亚居民企业向中国投资者支付股息，塞尔维亚有权按税率10%征税。但是，如果收款人是股息受益所有人，则所征税款不应超过股息总额的5%
6. 利息	"利息"一语是指从各种债权取得的所得，不论其有无抵押担保或者是否有权分享债务人的利润；特别是从公债、债券或者信用债券取得的所得，包括其溢价和奖金，以及所有按所得发生地所在缔约国税收法律视同贷款所得的其他所得。由于延期支付所处的罚款，不应视为本条所规定的利息 根据议定书，"利息"一语也包括按照所得发生的缔约国一方税法视同贷款所得的其它所得，除非该所得是一定形式的债权所得。在理解上遇有分歧时，缔约国双方应诉诸相互协商程序。如果贷款是企业总机构发生的，并且其数额与位于不同国家的几个常设机构或固定基地有关，则该利息，视情况而定，应认为是发生在常设机构或固定基地所在的缔约国，但仅限于由该常设机构或固定基地负担的利息	缔约国一方居民公司支付给缔约国另一方居民的利息，可以在该缔约国另一方征税，然而，这些利息也可以在支付利息的公司是其居民的缔约国，按照该缔约国法律征税。如塞尔维亚居民企业向中国企业支付利息，塞尔维亚有权按本国税率征税（最高35%）。但是，如果收款人为利息受益所有人，则所征税款不应超过利息总额的5%。虽有第二款的规定，发生于缔约国一方而支付给缔约国另一方政府、行政区或地方当局、中央银行或任何完全由政府拥有的金融机构的利息，或由缔约国另一方政府、行政区或地方当局、中央银行或任何完全由政府拥有的金融机构担保或保险的贷款获得的利息，应在首先提及的国家免税

续表

所得类型	定义	征税规定
7. 特许权使用费	"特许权使用费"一语是指使用或有权使用文学、艺术或科学著作，包括电影影片、无线电或电视广播使用的胶片、磁带的版权，专利、商标、设计或模型、图纸、秘密配方或秘密程序所支付的作为报酬的各种款项，或者使用或有权使用工业、商业、科学设备或有关工业、商业、科学经验的情报所支付的作为报酬的各种款项。也包括为了通过卫星、电缆、光纤或同类技术传输，而接受或有权接受图像或声音，或两者兼而有之，而支付的任何形式的报酬 如果特许权使用费是企业总机构发生的，并且其数额与位于不同国家的几个常设机构或固定基地有关，则该特许权使用费，视情况而定，应认为是发生在常设机构或固定基地所在的缔约国，但仅限于由该常设机构或固定基地负担的特许权使用费	缔约国一方居民公司支付给缔约国另一方居民的特许权使用费，可以在该缔约国另一方征税，然而，这些特许权使用费也可以在支付股息的公司是其居民的缔约国，按照该缔约国法律征税。如塞尔维亚居民企业向中国企业支付特许权使用费，塞尔维亚有权按35%（专利及商标）或25%（其他种类）税率征税。但是，如果收款人是特许权使用费受益所有人，则所征税款不应超过特许权使用费总额的10%。双方主管当局应协商确定实施该限制税率的方式

续表

所得类型	定义	征税规定
8. 财产收益	中国居民取得来自塞尔维亚的财产收益主要是指转让位于塞尔维亚的不动产、位于塞尔维亚的常设机构营业资产中的动产、转让来自塞尔维亚居民公司的股票的收益等	1. 中国居民转让位于塞尔维亚的不动产取得的收益，可以在塞尔维亚征税 2. 中国居民转让一个公司财产股份的股票取得的收益，该公司的财产由主要直接或者间接由位于塞尔维亚的不动产所组成，可以在塞尔维亚征税 3. 转让上述第二条以外的代表中国居民公司参股的股票取得的收益，可以在中国征税 4. 转让中国企业在塞尔维亚常设机构营业财产部分的动产，或者中国企业在塞尔维亚从事独立个人劳务的固定基地的动产取得的收益，包括转让常设机构（单独或者随同整个企业）或者固定基地取得的收益，可以在塞尔维亚征税 5. 转让从事国际运输的船舶或飞机，或者转让属于经营上述船舶、飞机的动产取得的收益，应仅在该企业为居民的缔约国征税 6. 转让上述第一条到第五条所述财产以外的其他财产取得的收益，如果转让者为中国居民企业，则仅在中国征税

续表

所得类型	定义	征税规定
9. 独立个人劳务	"专业性劳务"一语特别包括独立的科学、文学、艺术、教育或教学活动,以及医师、律师、工程师、建筑师、牙医师和会计师的独立活动	中国居民在塞尔维亚从事专业性劳务或者其他独立性活动取得的所得,应仅在中国征税。但具有下列情况的也可以在塞尔维亚征税: 1. 中国居民从事上述活动设有经常使用的固定基地。这种情况下,塞尔维亚可以仅对属于该固定基地的所得征税 2. 中国居民在塞尔维亚停留连续或累计超过 183 天。在这种情况下,塞尔维亚可以仅对在塞尔维亚进行活动取得的所得征税
10. 非独立个人劳务	主要是指缔约国一方居民因受雇取得的薪金、工资和其他类似报酬	1. 中国居民因受雇取得的薪金、工资和其他类似报酬除在塞尔维亚从事受雇的活动以外,应仅在我国征税。在塞尔维亚受雇的活动取得的报酬,可以在塞尔维亚征税 2. 虽有第一款的规定,中国居民因在塞尔维亚从事受雇的活动取得的报酬,同时具有以下三个条件的,应仅在该中国征税:收款人在有关历年中在塞尔维亚停留连续或累计不超过 183 天;该项报酬由并非塞尔维亚居民的雇主支付或代表该雇主支付;该项报酬不是由雇主设在塞尔维亚的常设机构或固定基地所负担 3. 在我国居民企业经营国际运输的船舶或飞机上从事受雇的活动取得的报酬,应仅在该企业总机构所在国征税

5. 塞尔维亚税收抵免政策

（1）企业境外所得的税收抵免办法

①营业利润的抵免：在无税收协定的情况下，塞尔维亚居民纳税人取得来源于境外的所得，有权利抵扣该所得在境外缴纳的税款，但抵扣限额不能超过该所得适用塞尔维亚国内税法下所缴纳的税额，即适用普通税收抵免办法。

②股息的抵免：满足实质性控制的条件下，作为母公司的居民企业有权利对其非居民企业性质的子公司分配给其利润，该利润适用间接抵免。母公司适用间接抵免的前提是至少连续一年持有非居民子公司10%的股权。间接抵免的层级无限制。分派利润的子公司所扣缴的预提税也适用间接抵免。

间接抵免和直接抵免均为普通抵免。未被利用的抵免可以向未来5年结转。

③利息、特许权使用费及其他所得的抵免：根据塞尔维亚公司所得税法第53a章，已在境外缴纳的预提所得税可以抵扣境内公司所得税，抵扣的限额为利息、特许权使用费和其他所得还原成缴纳预提税前的金额的40%与15%公司所得税率的乘积。

另外，塞尔维亚税法规定，居民企业的境外分支机构的亏损可以抵消境内所得，剩余的亏损可向未来5个纳税年度结转。

（2）个人境外所得的税收抵免办法

根据塞尔维亚个人所得税法，塞尔维亚居民纳税人取得来源于境外的所得，有权利抵扣该所得在境外缴纳的税款，但抵扣限额不能超过该所得适用塞尔维亚国内税法下所缴纳的税额。如存在税收协定的情况下，应适用协定条款规定的税收减免政策。

（3）饶让条款相关政策

塞尔维亚同多国缔结的税收协定中，部分协定制定了税收饶让条款，这些国家包括：阿尔巴尼亚、阿塞拜疆、波斯尼亚和黑塞哥维那、保加利亚、中国、塞浦路斯、埃及、希腊、匈牙利、朝鲜、科威特、利比亚、马其顿、马来西亚、摩尔多瓦、巴基斯坦、波兰、卡塔尔、罗马尼亚和斯里兰卡。

中塞税收协定第二十四条消除双重征税方法，规定如下：

①在中国，避免双重征税如下：

中国居民从南斯拉夫取得的所得，按照本协定规定在南斯拉夫缴纳的税额，可以在对该居民征收的中国税收中抵免。但是，抵免额不应超过对该项所得按照中国税法和规章计算的中国税收数额。

②在南斯拉夫，避免双重征税如下：

南斯拉夫居民取得的所得或拥有的财产，按照本协定的规定在中国征税时，南斯拉夫应允许：

第一，对该居民就该项所得缴纳的税收予以扣除，扣除额等于在中国就该项所得缴纳的税收。

第二，对该居民就该项财产缴纳的税收予以扣除，扣除额等于在中国就该项财产缴纳的税收。

但该项扣除，在任何情况下，不应超过视具体情况可以在中国征税的那部分所得或财产在扣除前计算的所得税额或财产税额。

当按照本协定的规定，南斯拉夫居民取得的所得或拥有的财产在南斯拉夫免税时，南斯拉夫在计算该居民其余所得或财产的征税数额时仍然可对已经免税的所得或财产予以考虑。

③缔约国一方出于鼓励的目的对在缔约国另一方缴纳的税收给予的抵免，应认为包括在该缔约国另一方应该缴纳，但按照该缔约国另一方的税收优惠规定而给予减免的税收。

6. 无差别待遇原则（非歧视待遇）

1997年税收协定的无差别待遇条款规定了中塞两国之间在国内税收征管方面的国民待遇原则，即无差别待遇原则，主要涵盖四方面内容：

其一，国民无差别待遇，即我国国民在塞投资应与塞尔维亚国民在相同情况下负担的税收相同或更轻。

其二，常设机构无差别待遇，即我国企业在塞设立的固定营业场所，如果按协定规定构成了常设机构从而负有纳税义务，其负担不能比塞尔维亚居民企业的负担更重。

其三，间接投资无差别待遇，即我国企业向塞尔维亚企业提供贷款或特许权取得的利息、特许权使用费或其他类似款项，在计算塞尔维亚企业的应纳税所得额时，应将对我国企业支付的款项与对塞尔维亚本国企业支付的款项按照同一标准进行扣除，以保证我国企业获得同样的贷款或技术转让条件，在税收上保证相同的竞争地位。

其四，子公司无差别待遇，即我国企业在塞的子公司无论出资形式或比例如何，不应比塞尔维亚其他类似企业税收负担更重。

7. 在塞尔维亚享受税收协定（税收安排）待遇的手续

根据塞尔维亚公司所得税法第40条，存在税收协定的前提下，非居民纳税人有义务根据塞尔维亚财政部的要求，向所得的支付方即塞尔维亚居民企业，提供非居民纳税人所在国的税收居民证明以适用协定税率。

根据中国国家税务总局发布的《关于开具〈中国税收居民身份证明〉有关事项的公告》（国家税务总局公告2016年第40号），简化了《税收居民证明》的办理手续。通常满足条件的申请人10个工作日后就可以取得《税收居民证明》。申请的资料主要包括：证明申请表、与拟享受税收协定待遇收入的有关合同、协议、董事会或者股东会决议、支付凭证等证明资料。若缔约对方税务主管当局对《税收居民证明》样式有特殊要求，申请人应当提供书面说明以及《税收居民证明》样式，主管税务机关可以按照上述规定予以办理。

（二）中塞税收协定相互协商程序

1. 相互协商程序概述

OECD在2008年7月发布修订后的《经合组织税收协定范本》（以下简称"经合范本"）第25条第5款中建立了某种旨在解决国际税收争议的仲裁机制，即相互协商程序，目的是解决两国主管当局的税收协定争议，并在双边税收协定相互协商程序条款的框架内，建立共同协调磋商的机制。

2. 税收协定相互协商程序的法律依据

1997年中塞协定第二十六条协商程序条款为两国主管当局之间的协商解决机制提供了法律依据：

当一个人认为，缔约国一方或者双方所采取的措施，导致或将导致对其不符合本协定规定的征税时，可以不考虑各缔约国国内法律的补救办法，将案情提交本人为其居民的缔约国主管当局；或者如果其案情属于第二十五条第一款，可以提交本人为其国民的缔约国主管当局。该项案情必须在不符合本协定规定的征税措施第一次通知之日起，3年内提出。

上述主管当局如果认为其所提意见合理，又不能单方面圆满解决时，应设法同缔约国另一方主管当局相互协商解决，以避免不符合本协定的征税。达成的协议应予执行，而不受各缔约国国内法律的时间限制。

缔约国双方主管当局应通过协议设法解决在解释或实施本协定时所发生的困难或疑义，也可以对本协定未作规定的消除双重征税问题进行协商。

缔约国双方主管当局为达成第二款和第三款的协议，可以相互直接联系。为有助于达成协议，双方主管当局的代表可以进行会谈，口头交换意见。

3. 相互协商程序的适用

（1）符合条件的申请人

根据中塞税收协定相互协商程序条款规定，当另一方缔约国的措施导致或将导致对申请人不符合税收协定规定的征税行为时，申请人可以将案情提交至本人为其居民的缔约国主管当局。此处需要明确的是，税收协定中的"居民"一词所指的是税收居民身份。我国的《实施办法》中也表明了中国税收居民身份为申请启动程序的前提。《实施办法》中所称的中国居民，是指按照《中华人民共和国个人所得税法》和《中华人民共和国企业所得税法》，就来源于中国境内境外的所得在中国负有纳税义务的个人、法人或其他组织。因此，只有在申请人为中国税收居民的情况下，中方主管当局方可受理其申请并就其所遇到的税收协定问题与塞方主管当局进行相互协商。此外，相互协商程序条款规定，如果案情属于第二十三条第一款（非歧视待遇），申请人可以将案情提交至本人为其国民的缔约国主管当局。此处中国国民，是指具有中国国籍的个人，以及依照中国法律成立的法人或其他组织。

（2）相互协商程序的方式、时限和具体情形

相互协商程序是在税收协定框架内解决国际税收争端的机制，因此当事人请求相互协商的事项应属于税收协定的适用范围。在中国对外签订的税收协定中，除相互协商程序条款外，部分协定还在居民、股息、利息、联属企业等条款中指明了双方主管当局可以就该条款解释及适用进行相互协商。但在中国签订的某些协定中，双方仅在少数条款中指明

可以就该条款进行相互协商，而在其他的条款中未提及相互协商程序，那么在这种协定下，是否可以认为相互协商程序的适用范围受到了限制？根据 OECD 税收协定范本解释，这个答案是否定的。关于这一问题，范本解释明确提到，即使缔约国双方未在其他条款中提及主管当局可以就该条款协商，但因相互协商程序独立条款的存在，双方仍可以就税收协定特定条款解释及适用过程中的问题适用相互协商程序。

中国颁布的《实施办法》第九条以列举的方式说明了中国居民（国民）可以申请启动相互协商程序的情形：

①对居民身份的认定存有异议，特别是相关税收协定规定双重居民身份情况下需要通过相互协商程序进行最终确认的。

②对常设机构的判定，或者对常设机构的利润归属和费用扣除存有异议的。

③对各项所得或财产的征免税或适用税率存有异议的。

④违反税收协定非歧视待遇（无差别待遇）条款的规定，可能或已经形成税收歧视的。

⑤对税收协定其他条款的理解和适用出现争议而不能自行解决的。

⑥其他可能或已经形成不同税收管辖权之间重复征税的。

《实施办法》规定，申请人应在有关税收协定规定的期限内，以书面形式向省税务机关提出启动相互协商程序的申请。负责申请人个人所得税或企业所得税征管的省税务机关为受理申请的税务机关。申请人就缔约对方征收的非所得税类税收提出相互协商申请的，负责与该税收相同或相似的国内税收征收的省税务机关为受理申请的税务机关。国内没有征收相同或相似税收的，省国家税务局为受理申请的税务机关。

4. 启动程序

（1）启动程序时效及条件

相互协商程序是通过缔约国之间双边税收协定，赋予缔约国纳税人的权利救济程序，制定该程序的目的是为了保证税收协定的实施及有效消除国际双重征税。但需要注意的是，申请该救济程序的权利存在期限，根据 OECD 税收协定范本中的规定，当事人应在不符合税收协定规定的征税措施第一次通知之日起三年内提出申请。

我国国内法规尚未对申请期限的问题进行明确，但从 OECD 范本解释中来看，范本中提供的三年是建议的最短时限，若协定中未约定期限的，应认为该期限至少不低于三年。

关于该期限的开始点，也就是纳税人有权申请启动协商程序的时间节点如何确定，OECD 税收协定注释中并未给出明确的规定，该问题一般由各国通过国内法进行规定。关于这一问题，我国尚未作出明确规定，根据我国《实施办法》规定：

如果中国居民（国民）认为，缔约对方所采取的措施，已经或将会导致不符合税收协定所规定的征税行为，可以按规定向省税务机关提出申请。但如何认定存在"将会导致不符合税收协定所规定的征税行为"难以明确。另根据《办法》第十四条第四款，"申请人提供的事实和证据能够证实或者不能合理排除缔约对方的行为存在违反税收协定规定的嫌疑"，可以得出当事人对违反税收协定的事项负有举证义务。从实务角度出发，我们认为，通常来说只有当中国居民（国民）从缔约对方税务主管当局接到有违反税收协定嫌疑的书面意见或通知后（如申请税收协定优惠待遇被驳回的通知、认定存在常设机构的通知或转让定价调整数额初步通知等类似的书面意见或通知），当事人方有充分理由认定将出现不符合税收协定的征税行为，以相互协商程序的三年期限开始计算，此时当事人方可申请启动相互协商程序。

（2）税务机关对申请的处理

根据 OECD 税收协定范本条款中的用语"上述主管当局如果认为所提意见合理，又不能单方面圆满解决时，应设法同缔约国另一方主管当局相互协商解决"可以看出一国税务当局对是否应当事人的申请启动相互协商程序有一定的自由裁量权利。但税务当局何时可以拒绝当事人的申请，当事人是否有权诉至法院要求税务当局启动该程序？这些问题在 OECD 协定解释中并没有明确的答复，通常情况下这些问题都会留待各缔约国通过国内法规范。

理论上来说，与其他国家就税收问题展开磋商是涉及国家主权的行为，纳税人可以基于税收协定中的条款申请主管当局启动该程序，但当主管当局通过审查认为申请理由不够充分时有权拒绝纳税人申请，并且纳税人无权通过法院强制要求主管当局执行该程序。

如美国国内的相关规定，在美国发起的税务调查中，税务局有义务告知纳税人其申请启动相互协商程序的权利。当纳税人向美国税务主管当局提交申请时,主管当局有权决定是否批准,并且如果主管当局决定拒绝纳税人的申请,该项决定具有终局性,此后纳税人将无权对该决定提起复议或行政诉讼。

根据《办法》规定,我国纳税人提出启动相互协商程序的申请需经两个步骤:

第一,向其所在的省级税务机关提出申请,由省级税务机关决定是否上报总局。

第二,税务总局对上报的申请进行审查并决定是否启动相互协商程序。从《办法》可以看出,在该程序中省级税务机关只是对纳税人申请的材料进行审查而无权最终决定是否启动相互协商程序。如果纳税人对省级税务机关不予受理的决定不服,将有权进行异议申请。但对当总局收到上报申请后决定不予受理时,该决定将具有终局性,纳税人无权再提出异议。

5. 相互协商的法律效力

(1) 相互协商程序结果的法律效力

国际普遍认为相互协商程序应属于行政性的争议解决手段,换言之,其结果只对达成协议的主管当局产生约束,如果当事人对结果不满,其仍有权通过司法程序寻求救济。此外,相互协商程序是两国主管当局就特定问题进行的协商讨论,就效力而言,其得出的结论只能对该特定问题生效,而无普遍约束力。

值得注意的是,上述普遍性规则有可能因税收协定特殊条款的存在而产生例外,如根据中国与荷兰签订的议定书第二条规定,双方认为,缔约国双方主管当局可以通过相互协商,形成下列将导致双重征税或双重免税案例的解决方案:

其一,适用第三条第二款对本协定未定义的名词进行解释;

其二,定性上的差异。

在双方主管当局公布后,该解决方案也应对未来适用本协定规定的其他类似案例具有约束力。

(2) 相互协商程序与司法判决的关系

通常认为,如果两国主管当局进行协商讨论的问题上已产生了生效的税收和解或司法判决，那么两国主管当局在进行相互协商时，将只能基于此前认定的事实进行相应的纳税调整，而不能改变已生效的和解或判决。

（3）保护性措施

协商程序条款规定，若纳税人接受相互协商的结果，该结果的执行将不受其本国国内法的限制。因两国主管当局就相互协商程序能否达成一致具有相当的不确定性，而且该程序通常耗时很长，当纳税人对协商结果不满或两国税务主管当局无法达成一致时，即使纳税人希望通过司法程序解决也很有可能面临诉讼时效已过期的尴尬局面。因此当事人在申请启动协商程序后往往还会选择同时启动其他的救济程序，如行政复议或司法救济来确保自身权益。

6. 塞尔维亚仲裁条款

仲裁条款是 OECD 为提高相互协商程序的效率，确保税收协定的实施而制定的条款。其一般形式是：如果两国主管当局在一定时间内（通常为两年）无法就相互协商的事项达成一致，当事人可以请求将该事项提交仲裁。但迄今中国对外签署的税收协定中尚未包含有仲裁条款，故本文在此不再做延伸讨论。

（三）中塞税收协定争议的防范

中塞税收协定争议是指中塞之间因税收协定条款的解释和适用而引发的争议，从本质上来说，该争议是一种国际税务争议，是两国因税收协定适用不明确导致的税收管辖权冲突。

从税收争议主体上来看，国际税收争议中可能存在两种情况，一是两国政府就税收协定适用产生争议；二是一国政府与跨国纳税人在国际税收关系中产生争议。例如，在中国与塞尔维亚间的国际税收利益分配活动中，两个主权国家是通过签订国际税收协定的方式来协调彼此之间的国际税收利益分配关系，中国和塞尔维亚间的国际税务争议主要表现为中国和塞尔维亚之间就相互签订的国际税收协定条款的解释、执行和使用范围等问题所产生的争议。

在 2014 年 12 月 18 日，OECD 发布 BEPS 第 14 项行动计划公开讨论稿，即《让争议解决机制更加有效》，该行动旨在寻求解决方案，以克服或消除国家或地区间通过相互协商程序解决税收协定相关争议的诸多障碍或不利因素。中国政府承诺应对措施将遵循以下原则：确保与相互协商程序有关的税收协定义务得到全面的善意执行；确保执行程序可以促进避免和解决与税收协定有关的争议；确保纳税人在符合资格的情况下可以申请进行相互协商程序；若案件进入相互协商程序，则确保案件得到妥善解决。

建议纳税人妥善防范和避免中塞税收协定争议，启动相互协商程序，确保税收协定正确和有效适用，切实避免双重征税，消除缔约双方对税收协定的解释或适用产生的分歧。

第 二 章

中国与塞尔维亚企业所得税对比分析

一 中国企业所得税总体分析

(一) 中国企业所得税的总体沿革

1. 中华人民共和国成立后至改革开放前的企业所得税制度

1949 年,首届全国税务会议通过了统一全国税收政策的基本方案,其中包括对企业所得税和个人所得征税的办法。1950 年,政务院发布了《全国税政实施要则》,规定全国设置 14 种税收,其中涉及对所得征税的有工商业税(所得税部分)、存款利息所得税和薪给报酬所得税 3 种税收。工商业税(所得税部分)自 1950 年开征以后,主要征税对象是私营企业、集体企业和个体工商户的应税所得。国营企业因政府有关部门直接参与经营和管理,其财务核算制度也与一般企业差异较大,所以国营企业实行利润上缴制度,而不缴纳所得税。这种制度的设计适应了当时中国高度集中的计划经济管理体制的需要。

1958 年和 1973 年我国进行了两次重大的税制改革,其核心是简化税制,其中的工商业税(所得税部分)主要还是对集体企业征收,国营企业只征一道工商税,不征所得税。在这个阶段,各项税收收入占财政收入的比重有所提高,占 50% 左右,但国营企业上缴的利润仍是国家财政收入主要来源之一。

2. 改革开放后的企业所得税制度

自 20 世纪 70 年代末起,中国开始实行改革开放政策,税制建设进入了一个新的发展时期,税收收入逐步成为政府财政收入的主要来源,同时税收也成为国家宏观经济调控的重要手段。

（1）1978—1982年的企业所得税制度

改革开放以后，为适应引进国外资金、技术和人才，开展对外经济技术合作的需要，根据党中央统一部署，税制改革工作在"七五"计划期间逐步推开。1980年9月，第五届全国人民代表大会第三次会议通过了《中华人民共和国中外合资经营企业所得税法》并公布施行。企业所得税税率确定为30%，另按应纳所得税额附征10%的地方所得税。1981年12月第五届全国人民表大会第四次会议通过了《中华人民共和国外国企业所得税法》，实行20%—40%的5级超额累进税率，另按应纳税所得额附征10%的地方所得税。

（2）1983—1990年的企业所得税制度

作为企业改革和城市改革的一项重大措施，1983年，国务院决定在全国试行国营企业"利改税"，即将中华人民共和国成立后实行了30多年的国营企业向国家上缴利润的制度改为缴纳企业所得税的制度。

1984年9月，国务院发布了《中华人民共和国国营企业所得税条例（草案）》和《国营企业调节税征收办法》。国营企业所得税的纳税人为实行独立经济核算的国营企业，大中型企业实行55%的比例税率，小型企业等适用10%—55%的8级超额累进税率。国营企业调节税的纳税人为大中型国营企业，税率由财税部门商企业主管部门核定。

1985年4月，国务院发布了《中华人民共和国集体企业所得税暂行条例》，实行10%—55%的8级超额累进税率，原来对集体企业征收的工商税（所得税部分）同时停止执行。

1988年6月，国务院发布了《中华人民共和国私营企业所得税暂行条例》，税率为35%。国营企业"利改税"和集体企业、私营企业所得税制度的出台，重新确定了国家与企业的分配关系，使我国的企业所得税制建设进入健康发展的新阶段。

（3）1991年至今的企业所得税制度

为适应中国建立社会主义市场经济体制的新形势，进一步扩大改革开放，努力把国有企业推向市场，按照"统一税法、简化税制、公平税负、促进竞争"的原则，国家先后完成了外资企业所得税的统一和内资企业所得税的统一。

1991年4月，第七届全国人民代表大会将《中华人民共和国中外合资经营企业所得税法》与《中华人民共和国外国企业所得税法》合并，制定了《中华人民共和国外商投资企业和外国企业所得税法》，并于同年7月1日起施行。

1993年12月13日，国务院将《中华人民共和国国营企业所得税条例（草案）》《国营企业调节税征收办法》《中华人民共和国集体企业所得税暂行条例》和《中华人民共和国私营企业所得税暂行条例》进行整合，制定了《中华人民共和国企业所得税暂行条例》，自1994年1月1日起施行。上述改革标志着中国的所得税制度改革向着法制化、科学化和规范化的方向迈出了重要的步伐。

2007年3月16日，第十届全国人民代表大会第五次会议通过了《中华人民共和国企业所得税法》，并于2008年1月1日开始实行。内、外资企业从此实行统一的企业所得税法。

2017年2月24日，第十二届全国人民代表大会常务委员会第二十六次会议对《中华人民共和国企业所得税法》相关内容进行了修改。

（二）中国现行企业所得税

现行企业所得税的基本规范，是2017年2月24日第十二届全国人民代表大会常务委员会第二十六次会议修改通过的《中华人民共和国企业所得税法》（以下简称《企业所得税法》）和2007年11月28日国务院第197次常务会议通过的《中华人民共和国企业所得税法实施条例》（以下简称《企业所得税法实施条例》），以及国务院财政、税务主管部门发布的相关规定。

1. 居民企业

（1）判断标准及扣缴义务人

居民企业是指依法在中国境内成立，或者依照外国（地区）法律成立但实际管理机构在中国境内的企业。这里的企业包括国有企业、集体企业、私营企业、联营企业、股份制企业，外商投资企业、外国企业以及有生产、经营所得和其他所得的其他组织。

（2）征税对象

居民企业应就来源于中国境内、境外的所得作为征税对象。

所得，包括销售货物所得、提供劳务所得、转让财产所得、股息红利等权益性投资所得、利息所得、租金所得、特许权使用费所得、接受捐赠所得和其他所得。

所得来源的确定：

①销售货物所得，按照交易活动发生地确定；

②提供劳务所得，按照劳务发生地确定；

③转让财产所得，其一，不动产转让所得按照不动产所在地确定，其二，动产转让所得按照转让动产的企业或者机构、场所所在地确定，其三，权益性投资资产转让所得按照被投资企业所在地确定；

④股息、红利等权益性投资所得，按照分配所得的企业所在地确定；

⑤利息所得、租金所得和特许使用费所得，按照负担、支付所得的企业或者机构场所所在地确定，或者按照负担、支付所得的个人的住所确定；

⑥其他所得，由国务院财政、税务主管部门确定。

（3）税率

居民企业适用的企业所得税标准税率为25%，优惠税率分为两档：20%和15%，适用优惠税率的情况为：

符合条件的小型微利企业，减按20%的税率征收企业所得税；

国家需要重点扶持的高新技术企业，按15%的税率征收企业所得税。

（4）税收优惠

①免税收入

企业的下列收入为免税收入：

A. 国债利息收入；

B. 符合条件的居民企业之间的股息、红利等权益性投资收益；

C. 在中国境内设立机构、场所的非居民企业从居民企业取得与该机构、场所有实际联系的股息、红利等权益性投资收益；

D. 符合条件的非营利组织的收入。

②免征与减征优惠

A. 企业的下列所得项目，可以免征、减征企业所得税

（A）从事农、林、牧、渔业项目的所得

a. 企业从事下列项目的所得，免征企业所得税：

（a）蔬菜、谷物、薯类、油料、豆类、棉花、麻类、糖料、水果、坚果的种植；

（b）农作物新品种的选育；

（c）中药材的种植；

（d）林木的培育和种植；

（e）牲畜、家禽的饲养；

（f）林产品的采集；

（g）灌溉、农产品初加工、兽医农技推广、农机作业和维修等农、林、牧、渔服务业项目；

（h）远洋捕捞。

b. 企业从事下列项目的所得，减半征收企业所得税：

（a）花卉、茶以及其他饮料作物和香料作物的种植；

（b）海水养殖、内陆养殖。

企业从事国家限制和禁止发展的项目，不得享受上述企业所得税优惠。

（B）从事国家重点扶持的公共基础设施项目投资经营的所得

国家重点扶持的公共基础设施项目，是指《公共基础设施项目企业所得税优惠目录》规定的港口码头、机场、铁路、公路、电力和水利等项目。

企业从事国家重点扶持的公共基础设施项目投资经营的所得，自项目取得第一笔生产经营收入所属纳税年度起，第1年至第3年免征企业所得税，第4年至第6年减半征收企业得税。

企业承包经营、承包建设和内部自建自用上述规定的项目，不得享受上述企业所得税优惠。

（C）从事符合条件的环境保护、节能节水项目的所得

企业从事符合条件的环境保护、节能节水项目的所得，自项目取得第一笔生产经营收入所属纳税年度起，第1年至第3年免征企业所得税，第4年至第6年减半征收企业所得税。

以上规定享受减免税优惠的项目，在减免税期限内转让的，受让方自受让之日起，可以在剩余期限内享受规定的减免税优惠；减免税期限届满后转让的，受让方不得就该项目重新享受减免税优惠。

（D）符合条件的技术转让所得

符合条件的技术转让所得免征、减征企业所得税，是指一个纳税年度内，居民企业转让技术所有权所得不超过 500 万元的部分，免征企业所得税；超过 500 万元的部分，减半征收企业所得税。

B. 符合条件的小型微利企业，减按 20% 的税率征收企业所得税

符合条件的小型微利企业，是指从事国家非限制和禁止行业，并符合下列条件的企业：

（A）工业企业，年度应纳税所得额不超过 30 万元，从业人数不超过 100 人，资产总额不超过 3000 万元；

（B）其他企业，年度应纳税所得额不超过 30 万元，从业人数不超过 80 人，资产总额不超过 1000 万元。

自 2017 年 1 月 1 日至 2019 年 12 月 31 日，将小型微利企业的年应纳税所得额上限由 30 万元提高至 50 万元，对年应纳税所得额低于 50 万元（含 50 万元）的小型微利企业，其所得减按 50% 计入应纳税所得额，按 20% 的税率缴纳企业所得税。

C. 技术先进型服务企业优惠

自 2017 年 1 月 1 日起，在全国范围内对经认定的技术先进型服务企业，减按 15% 的税率征收企业所得税。

D. 高新技术企业优惠

（A）国家需要重点扶持的高新技术企业，按 15% 的税率征收企业所得税。

国家需要重点扶持的高新技术企业，是指拥有核心自主知识产权，并同时符合下列条件的企业：

a. 产品（服务）属于《国家重点支持的高新技术领域》规定的范围；

b. 研究开发费用占销售收入的比例不低于规定比例；

c. 高新技术产品（服务）收入占企业总收入的比例不低于规定比例；

d. 科技人员占企业职工总数的比例不低于规定比例；

e. 高新技术企业认定管理办法规定的其他条件。

E. 民族自治地方的自治机关对本民族自治地方的企业应缴纳的企业所得税中属于地方分享的部分，可以决定减征或者免征

民族自治地方，是指依照《中华人民共和国民族区域自治法》的规定，实行民族区域自治的自治区、自治州、自治县。

对民族自治地方内国家限制和禁止行业的企业，不得减征或者免征企业所得税。

F. 加计扣除优惠

企业的下列支出，可以在计算应纳税所得额时加计扣除：

（A）开发新技术、新产品和新工艺发生的研究开发费用。

研究开发费用的加计扣除，是指企业为开发新技术、新产品、新工艺发生的研究开发费用，未形成无形资产计入当期损益的，在按照规定据实扣除的基础上，按照研究开发费用的50%加计扣除；形成无形资产的，按照无形资产成本的150%摊销。

（B）企业安置残疾人员及国家鼓励安置的其他就业人员所支付的工资。

企业安置残疾人员所支付的工资的加计扣除，是指企业安置残疾人员的，在按照支付给残疾职工工资据实扣除的基础上，按照支付给残疾职工工资的100%加计扣除。

企业安置国家鼓励安置的其他就业人员所支付的工资的加计扣除办法，由国务院另行规定。

G. 创业投资企业从事国家需要重点扶持和鼓励的创业投资，可以按投资额的一定比例抵扣应纳税所得额

抵扣应纳税所得额，是指创业投资企业采取股权投资方式投资未上市的中小高新技术企业2年以上的，可以按照其投资额的70%在股权持有满2年的当年抵扣该创业投资企业的应纳税所得额；当年不足抵扣的，可以在以后纳税年度结转抵扣。

H. 企业的固定资产由于技术进步等原因，的确需加速折旧的，可以缩短折旧年限或者采取加速折旧的方法

可以采取缩短折旧年限或者采取加速折旧的方法的固定资产，包括：

（A）由于技术进步，产品更新换代较快的固定资产；

（B）常年处于强震动、高腐蚀状态的固定资产。

采取缩短折旧年限方法的，最低折旧年限不得低于本条例第六十条规定折旧年限的60%；采取加速折旧方法的，可以采取双倍余额递减法或者年数总和法。

I. 企业综合利用资源，生产符合国家产业政策规定的产品所取得的收入，可以在计算应纳税所得额时减计收入

减计收入，是指企业以《资源综合利用企业所得税优惠目录》规定的资源作为主要原材料，生产国家非限制和禁止并符合国家和行业相关标准的产品取得的收入，减按90%计入收入总额。

J. 企业购置用于环境保护、节能节水、安全生产等专用设备的投资额，可以按一定比例实行税额抵免

税额抵免，是指企业购置并实际使用《环境保护专用设备企业所得税优惠目录》《节能节水专用设备企业所得税优惠目录》和《安全生产专用设备企业所得税优惠目录》规定的环境保护、节能节水、安全生产等专用设备的，该专用设备投资额的10%可以从企业当年的应纳税额中抵免；当年不足抵免的，可以在以后5个纳税年度结转抵免。

享受前款规定的企业所得税优惠的企业，应当实际购置并自身实际投入使用前款规定的专用设备；企业购置上述专用设备在5年内转让、出租的，应当停止享受企业所得税优惠，并补缴已经抵免的企业所得税税款。

K. 特殊行业优惠

指的是鼓励软件产业和集成电路产业发展的优惠政策；鼓励证券投资基金发展的优惠政策；鼓励节能服务公司的优惠政策；鼓励电网企业电网新建项目所享受所得税的优惠政策。

L. 其他优惠

指的是西部大开发优惠以及其他符合条件的事项。

（5）应纳税所得额

应纳税所得额是企业所得税的计税依据，应纳税所得额为企业每一个纳税年度的收入总额，减除不征税收入、免税收入、各项扣除以及允许弥补的以前年度亏损后的余额。基本公式为：

应纳税所得额＝收入总额－不征税收入－免税收入－各项扣除

企业应纳税所得额的计算，以权责发生制为原则，属于当期的收入和费用，不论款项是否收付，均作为当期的收入和费用；不属于当期的收入和费用，即使款项已经在当期收付，均不作为当期的收入和费用。

亏损，是指企业依照企业所得税法和本条例的规定将每一纳税年度

的收入总额减除不征税收入、免税收入和各项扣除后小于零的数额。

清算所得，是指企业的全部资产可变现价值或者交易价格减除资产净值、清算费用以及相关税费等后的余额。

投资方企业从被清算企业分得的剩余资产，其中相当于从被清算企业累计未分配利润和累计盈余公积中应当分得的部分，应当确认为股息所得；剩余资产减除上述股息所得后的余额，超过或者低于投资成本的部分，应当确认为投资资产转让所得或者损失。

①收入总额

A. 企业以货币形式和非货币形式从各种来源取得的收入，为收入总额。包括：

（A）销售货物收入；

（B）提供劳务收入；

（C）转让财产收入；

（D）股息、红利等权益性投资收益；

（E）利息收入；

（F）租金收入；

（G）特许权使用费收入；

（H）接受捐赠收入；

（I）其他收入。

企业取得收入的货币形式，包括现金、存款、应收账款、应收票据、准备持有至到期的债券投资以及债务的豁免等。

企业取得收入的非货币形式，包括固定资产、生物资产、无形资产、股权投资、存货、不准备持有至到期的债券投资、劳务以及有关权益等，这些非货币资产应当按照公允价值确定收入额，公允价值是指按照市场价格确定的价值。

B. 一般收入的确认

（A）销售货物收入，是指企业销售商品、产品、原材料、包装物、低值易耗品以及其他存货取得的收入。

（B）提供劳务收入，是指企业从事建筑安装、修理修配、交通运输、仓储租赁、金融保险、邮电通信、咨询经纪、文化体育、科学研究、技术服务、教育培训、餐饮住宿中介代理、卫生保健、社区服务、旅游、娱乐、加工以及其他劳务服务活动取得的收入。

（C）转让财产收入，是指企业转让固定资产、生物资产、无形资产、股权以及债权等财产取得的收入。

（D）股息、红利等权益性投资收益，是指企业因权益性投资从被投资方取得的收入。股息、红利等权益性投资收益，除国务院财政、税务主管部门另有规定外，按照被投资方作出利润分配决定的日期确认收入的实现。

（E）利息收入，是指企业将资金提供他人使用但不构成权益性投资，或者因他人占用本企业资金取得的收入，包括存款利息、贷款利息、债券利息以及欠款利息等收入。

利息收入，按照合同约定的债务人应付利息的日期确认收入的实现。

（F）租金收入，是指企业提供固定资产、包装物或者其他有形资产的使用权取得的收入。

租金收入，按照合同约定的承租人应付租金的日期确认收入的实现。

（G）特许权使用费收入，是指企业提供专利权、非专利技术、商标权、著作权以及其他特许权的使用权取得的收入。特许权使用费收入，按照合同约定的特许权使用人应付特许权使用费的日期确认收入的实现。

（H）接受捐赠收入，是指企业接受的来自其他企业、组织或者个人无偿给予的货币性资产、非货币性资产。

接受捐赠收入，按照实际收到捐赠资产的日期确认收入的实现。

（I）其他收入，是指企业取得的除以上收入外的其他收入，包括企业资产溢余收入、逾期未退包装物押金收入、确实无法偿付的应付款项、已作坏账损失处理后又收回的应收款项、债务重组收入、补贴收入、违约金收入以及汇兑收益等。

C. 特殊收入的确认

（A）以分期收款方式销售货物的，按照合同约定的收款日期确认收入的实现。

（B）企业受托加工制造大型机械设备、船舶、飞机，以及从事建筑、安装、装配工程业务或者提供其他劳务等，持续时间超过 12 个月的，按照纳税年度内完工进度或者完成的工作量确认收入的实现。

（C）采取产品分成方式取得收入的，按照企业分得产品的日期确认收入的实现，其收入额按照产品的公允价值确定。

（D）企业发生非货币性资产交换，以及将货物、财产、劳务用于捐赠、偿债、赞助集资、广告、样品、职工福利或者利润分配等用途的，应当视同销售货物、转让财产或者提供劳务，但国务院财政、税务主管部门另有规定的除外。

②不征税收入

A. 财政拨款

财政拨款，是指各级人民政府对纳入预算管理的事业单位、社会团体等组织拨付的财政资金，但国务院和国务院财政、税务主管部门另有规定的除外。

B. 依法收取并纳入财政管理的行政事业性收费、政府性基金

行政事业性收费，是指依照法律法规等有关规定，按照国务院规定程序批准，在实施社会公共管理，以及在向公民、法人或者其他组织提供特定公共服务过程中，向特定对象收取并纳入财政管理的费用；政府性基金，是指企业依照法律、行政法规等有关规定，代政府收取的具有专项用途的财政资金。

C. 国务院规定的其他不征税收入

国务院规定的其他不征税收入，是指企业取得的，由国务院财政、税务主管部门规定的具有专项用途并经国务院批准的财政性资金。

③免税收入

A. 国债利息收入。为鼓励企业积极购买国债，支持国家建设，税法规定，企业因购买国债所得的利息收入，免征企业所得税。

B. 符合条件的居民企业之间的股息、红利等权益性收益，是指居民企业直接投资于其他居民企业取得的投资收益。

C. 在中国境内设立机构、场所的非居民企业从居民企业取得与该机构、场所有实际联系的股息、红利等权益性投资收益。该收益不包括连续持有居民企业公开发行并上市流通的股票不足12个月取得的投资收益。

D. 符合条件的非营利组织的收入。非营利组织的下列收入为免税收入：

（A）接受其他单位或者个人捐赠的收入；

（B）除《企业所得税法》第七条规定的财政拨款以外的其他政府补助收入，但不包括因政府购买服务取得的收入；

（C）省级以上民政、财政部门规定收取的会费；

（D）不征税收入和免税收入产生的银行存款利息收入；

（E）财政部、国家税务总局规定的其他收入。

④扣除

A. 扣除范围

企业实际发生的与取得收入有关的、合理的支出，包括成本、费用、税金、损失和其他支出，准予在计算应纳税所得额时扣除。

企业发生的支出应当区分收益性支出和资本性支出。收益性支出在发生当期直接扣除；资本性支出应当分期扣除或者计入有关资产成本，不得在发生当期直接扣除。

企业的不征税收入用于支出所形成的费用或者财产，不得扣除或者计算对应的折旧、摊销扣除。

除非另有规定，否则企业实际发生的成本、费用、税金、损失和其他支出，不得重复扣除。

（A）成本，是指企业在生产经营活动中发生的销售成本、销货成本、业务支出以及其他耗费。

（B）费用，是指企业每一个纳税年度为生产、经营商品和提供劳务等所发生的销售（经营）费用、管理费用和财务费用。已经计入成本的有关费用除外。

（C）税金，是指企业发生的除企业所得税和允许抵扣的增值税以外的企业缴纳的各项税金及其附加。

（D）损失，是指企业在生产经营活动中发生的固定资产和存货的盘亏、毁损、报废损失，转让财产损失，呆账损失，坏账损失，自然灾害等不可抗力因素造成的损失以及其他损失。

企业发生的损失，减除责任人赔偿和保险赔款后的余额，依照国务院财政、税务主管部门的规定扣除。

企业已经作为损失处理的资产，在以后纳税年度又全部收回或者部分收回时，应当计入当期收入。

（E）扣除的其他支出，是指除成本、费用、税金、损失外，企业在生产经营活动中发生的与生产经营活动有关的、合理的支出。

B. 扣除项目及其标准

在计算应纳税所得额时，下列项目可按照实际发生额或规定的标准扣除：

（A）工资、薪金支出

a. 企业发生的合理的工资、薪金支出准予据实扣除。工资、薪金支出是企业每纳税年度支付给本企业任职或与其有雇佣关系的员工的所有现金或非现金形式的劳动报酬，包括基本工资、奖金、津贴、补贴、年终加薪、加班工资，以及与任职或者是受雇有关的其他支出。

b. 职工福利费、工会经费、职工教育经费

企业发生的职工福利费按工资薪金总额的14%的标准扣除；工会经费按工资薪金总额的2%的标准扣除；职工教育经费按工资薪金总额的2.5%的标准扣除。未超过标准的按实际数额扣除，超过标准的按标准扣除。

c. 社会保险费

（a）企业依照国务院有关主管部门或者省级人民政府规定的范围和标准为职工缴纳的五险一金，即基本养老保险费、基本医疗保险费、失业保险费、工伤保险费、生育保险费等基本社会保险费和住房公积金，准予扣除。

（b）企业为投资者或者职工支付的补充养老保险费、补充医疗保险费，在国务院财政、税务主管部门规定的范围和标准内，准予扣除。

（c）除企业依照国家有关规定为特殊工种职工支付的人身安全保险费和国务院财政、税务主管部门规定可以扣除的其他商业保险费外，企业为投资者或者职工支付的商业保险费，不得扣除。

d. 借款费用

企业在生产经营活动中发生的合理的不需要资本化的借款费用，准予扣除。

企业为购置、建造固定资产、无形资产和经过12个月以上的建造才能达到预定可销售状态的存货发生借款的，在有关资产购置、建造期间发生的合理的借款费用，应当作为资本性支出计入有关资产的成本，并依照本条例的规定扣除。

e. 利息费用

企业在生产、经营活动中发生的利息费用,按下列规定扣除。

(a) 非金融企业向金融企业借款的利息支出、金融企业的各项存款利息支出和同业拆借利息支出以及企业经批准发行债券的利息支出可据实扣除。

(b) 非金融企业向非金融企业借款的利息支出,不超过按照金融企业同期同类贷款利率计算的数额的部分可据实扣除,超过部分不许扣除。

f. 汇兑损失

企业在货币交易中,以及纳税年度终了时将人民币以外的货币性资产、负债按照期末即期人民币汇率中间价折算为人民币时产生的汇兑损失,除已经计入有关资产成本以及与向所有者进行利润分配相关的部分外,准予扣除。

g. 业务招待费

企业发生的与生产经营活动有关的业务招待费支出,按照发生额的60%扣除,但最高不得超过当年销售(营业)收入的5‰。

h. 广告费和业务宣传费

企业发生的符合条件的广告费和业务宣传费支出,除国务院财政、税务主管部门另有规定外,不超过当年销售(营业)收入15%的部分,准予扣除;超过部分,准予结转以后纳税年度扣除。

i. 环境保护专项资金

企业依照法律、行政法规有关规定提取的用于环境保护、生态恢复等方面的专项资金,准予扣除。上述专项资金提取后改变用途的,不得扣除。

j. 保险费

企业参加财产保险,按照规定缴纳的保险费,准予扣除。

k. 租赁费

企业根据生产经营活动的需要租入固定资产支付的租赁费,按照以下方法扣除:

(a) 以经营租赁方式租入固定资产发生的租赁费支出,按照租赁期限均匀扣除。经营性租赁是指所有权不转移的租赁。

(b) 以融资租赁方式租入固定资产发生的租赁费支出,按照规定构成融资租入固定资产价值的部分应当提取折旧费用，分期扣除。

l. 劳动保护费

企业发生的合理的劳动保护支出，准予扣除。

m. 公益性捐赠支出

公益性捐赠，是指企业通过公益性社会团体或者县级（含县级）以上人民政府及其部门，用于《中华人民共和国公益事业捐赠法》规定的公益事业的捐赠。

企业发生的公益性捐赠支出，不超过年度利润总额12%的部分，准予扣除。超过年度利润总额12%的部分，准予以后三年内在计算应纳税所得额时结转扣除。

年度利润总额，是指企业依照国家统一会计制度的规定计算的年度会计利润。

n. 有关资产的费用

企业转让各类固定资产发生的费用，允许扣除。

企业按规定计算的固定资产折旧费，无形资产和递延资产的摊销费，准予扣除。

企业在2018年1月1日至2020年12月31日期间新购进的设备、器具，单位价值不超过500万元的，允许一次性计入当期成本费用在计算应纳税所得额时扣除。

o. 资产损失

企业当期发生的固定资产和流动资产盘亏、毁损净损失，由其提供清查盘存资料经主管税务机关审核后，准予扣除。

p. 手续费及佣金支出

企业发生的与生产经营有关的手续费及佣金支出，不超过规定限额以内的部分，准予扣除；超过部分，不得扣除。

q. 没有超过《企业所得税法》和有关税收法规规定的税前扣除范围和标准的支出，可按企业实际会计处理确认的支出，在企业所得税前扣除。

r. 企业维简费支出

企业实际发生的维简费支出，属于收益性支出的，可作为当期费用税前扣除；属于资本性支出的，应计入有关资产成本，并按《企业所得税法》规定计提折旧或摊销费用在税前扣除。

s. 企业参与政府统一组织的棚户区改造支出

企业参与政府统一组织的工矿（含中央下放煤矿）棚户区改造、林区棚户区改造以及垦区危房改造并同时符合一定条件的棚户区改造支出，准予在企业所得税前扣除。

t. 金融企业涉农贷款和中小企业贷款损失准备金税前扣除

金融企业对其涉农贷款和中小企业贷款在规定比例内准予扣除。

金融企业发生的符合条件的涉农贷款和中小企业贷款损失，应先冲减已在税前扣除的贷款损失准备金，不足冲减部分可据实在计算应纳税所得额时扣除。

u. 金融企业贷款损失准备金企业所得税税前扣除有关政策

金融企业发生的符合条件的贷款损失，应先冲减已在税前扣除的贷款损失准备金，不足冲减部分可据实在计算当年应纳税所得额时扣除。

v. 依照有关法律、行政法规和国家有关税法规定准予扣除的其他项目

⑤不得扣除的项目

在计算应纳税所得额时，下列支出不得扣除：

A. 向投资者支付的股息、红利等权益性投资收益款项。

B. 企业所得税税款。

C. 税收滞纳金，是指纳税人违反税收法规，被税务机关处以的滞纳金。

E. 罚金、罚款和被没收财物的损失，是指纳税人违反国家有关法律、法规规定，被有关部门处以的罚款，以及被司法机关处以的罚金和被没收财物。

F. 超过规定标准的捐赠支出。

G. 赞助支出，是指企业发生的与生产经营活动无关的各种非广告性质支出。

H. 未经核定的准备金支出，是指不符合国务院财政、税务主管部门规定的各项资产减值准备、风险准备等准备金支出。

I. 企业之间支付的管理费、企业内营业机构之间支付的租金和特许权使用费，以及非银行企业内营业机构之间支付的利息。

J. 与取得收入无关的其他支出。

⑥亏损弥补

企业纳税年度发生的亏损,准予向以后年度结转,用以后年度的所得弥补,但结转年限最长不得超过 5 年。

企业在汇总计算缴纳企业所得税时,其境外营业机构的亏损不得抵减境内营业机构的盈利。

对企业以前年度实际发生的、按照税法规定应在企业所得税前扣除而未扣除或者少扣除的支出,企业作出专项申报及说明后,准予追补至该项目发生年度计算扣除,但追补确认期限不得超过 5 年。

(6) 应纳税额的计算

①计算公式

居民企业应缴纳所得税额等于应纳税所得额乘以适用税率,基本计算公式为:

应纳税额 = 应纳税所得额 × 适用税率 − 减免税额 − 抵免税额

公式中的减免税额和抵免税额,是指依照企业所得税法和国务院的税收优惠规定减征、免征和抵免的应纳税额。

②抵减

企业取得的来源于中国境外的应税所得已在境外缴纳的所得税税额,可以从其当期应纳税额中抵免,抵免限额为该项所得依照规定计算的应纳税额;超过抵免限额的部分,可以在以后五个年度内,用每年度抵免限额抵免当年应抵税额后的余额进行抵补。

抵免限额 = 中国境内、境外所得依照企业所得税法和本条例的规定计算的应纳税总额 × 来源于某国(地区)的应纳税所得额 ÷ 中国境内、境外应纳税所得总额

居民企业从其直接或者间接控制的外国企业分得的来源于中国境外的股息、红利等权益性投资收益,外国企业在境外实际缴纳的所得税税额中属于该项所得负担的部分,可以作为该居民企业的可抵免境外所得税税额,在规定的抵免限额内抵免。

③居民企业核定征收应纳税额的计算

A. 核定征收企业所得税的范围

居民企业纳税人具有下列情形之一的,核定征收企业所得税:

（A）依照法律、行政法规的规定可以不设置账簿的；

（B）依照法律、行政法规的规定应当设置但未设置账簿的；

（C）擅自销毁账簿或者拒不提供纳税资料的；

（D）虽设置账簿，但账目混乱或者成本资料、收入凭证、费用凭证残缺不全，难以查账的；

（E）发生纳税义务，未按照规定的期限办理纳税申报，经税务机关责令限期申报，逾期仍不申报的；

（F）申报的计税依据明显偏低，又无正当理由的。

特殊行业、特殊类型的纳税人和一定规模以上的纳税人不适用上述办法。

B. 核定征收的办法

（A）税务机关应根据纳税人的具体情况，对核定征收企业所得税的纳税人，核定应税所得率或者核定应纳所得税额。

a. 能正确核算（查实）收入总额，但不能正确核算（查实）成本费用总额的；

b. 能正确核算（查实）成本费用总额但不能正确核算（查实）收入总额的；

c. 通过合理方法，能计算和推定纳税人收入总额或成本费用总额的。

纳税人不属于以上情形的，核定其应纳所得税额。

（B）税务机关采用下列方法核定征收企业所得税

a. 参照当地同类行业或者类似行业中经营规模和收入水平相近的纳税人的税负水平；

b. 按照应税收入额或成本费用支出额定率核定；

c. 按照耗用的原材料、燃料、动力等推算或测算核定；

d. 按照其他合理方法核定。

采用前款所列的一种方法不足以正确核定应纳税所得额或应纳税额的，可以同时采用两种以上的方法核定。采用两种以上方法测算的应纳税额不一致时，可按测算的应纳税额从高核定。各行业应税所得率幅度见表2—1。

表 2—1　　　　　　　　各行业应税所得率幅度

行业	应税所得率
农、林、牧、渔	3%—10%
制造业	5%—15%
批发和零售贸易业	4%—15%
交通运输业	7%—15%
建筑业	8%—20%
饮食业	8%—25%
娱乐业	15%—30%
其他行业	10%—30%

采用应税所得率方式核定征收企业所得税的，应纳所得税额计算公式如下：

应纳所得税额＝应纳税所得额×适用税率

或

应纳税所得额＝应税收入额×应税所得率＝成本（费用）支出额÷（1－应税所得率）×应税所得率

上述"应税收入额"等于收入总额减去不征税收入和免税收入后的余额。用公式表示为：

应税收入额＝收入总额－不征税收入－免税收入

实行应税所得率方式核定征收企业所得税的纳税人，经营多业的，无论其经营项目是否单独核算，均由税务机关根据其主营项目确定适用的应税所得率。

主营项目应为纳税人所有经营项目中，收入总额或者成本（费用）支出额或者耗用原材料、燃料、动力数量所占比重最大的项目。

纳税人的生产经营范围、主营业务发生重大变化，或者应纳税所得额或应纳税额增减变化达到20%的，应及时向税务机关申报调整已确定的应纳税额或应税所得率。

（7）特别纳税调整

企业与其关联方之间的业务往来，不符合独立交易原则而减少企业或者其关联方应纳税收入或者所得额的，税务机关有权按照合理方法调整。

企业与其关联方共同开发、受让无形资产,或者共同提供、接受劳务发生的成本,在计算应纳税所得额时应当按照独立交易原则进行分摊。

企业可以向税务机关提出与其关联方之间业务往来的定价原则和计算方法,税务机关与企业协商、确认后,达成预约定价安排。

企业向税务机关报送年度企业所得税纳税申报表时,应当就其与关联方之间的业务往来,附送年度关联业务往来报告表。

税务机关在进行关联业务调查时,企业及其关联方,以及与关联业务调查有关的其他企业,应当按照规定提供相关资料。

企业不提供与其关联方之间业务往来资料,或者提供虚假、不完整资料,未能真实反映其关联业务往来情况的,税务机关有权依法核定其应纳税所得额。

由居民企业,或者由居民企业和中国居民控制的设立在实际税负明显低于本法第四条第一款规定税率水平的国家(地区)的企业,并非由于合理的经营需要而对利润不作分配或者减少分配的,上述利润中应归属于该居民企业的部分,应当计入该居民企业的当期收入。

企业从其关联方接受的债权性投资与权益性投资的比例超过规定标准而发生的利息支出,不得在计算应纳税所得额时扣除。

企业实施其他不具有合理商业目的的安排而减少其应纳税收入或者所得额的,税务机关有权按照合理方法调整。

税务机关依照本章规定进行纳税调整,需要补征税款的,应当补征税款,并按照国务院规定加收利息。

(8) 征收管理

①纳税地点

除税收法律、行政法规另有规定外,居民企业以企业登记注册地为纳税地点,但登记注册地在境外的,以实际管理机构所在地为纳税地点。

居民企业在中国境内设立不具有法人资格的营业机构的,应当汇总计算并缴纳企业所得税。

除国务院另有规定外,企业之间不得合并缴纳企业所得税。

②纳税时间

企业所得税按纳税年度计算。纳税年度自公历 1 月 1 日起至 12 月 31

日止。

企业在一个纳税年度中间开业，或者终止经营活动，使该纳税年度的实际经营期不足 12 个月的，应当以其实际经营期为一个纳税年度。

企业依法清算时，应当以清算期间作为一个纳税年度。

企业所得税分月或者分季预缴。

企业应当自月份或者季度终了之日起 15 日内，向税务机关报送预缴企业所得税纳税申报表，预缴税款。

企业应当自年度终了之日起 5 个月内，向税务机关报送年度企业所得税纳税申报表，并汇算清缴，结清应缴应退税款。

企业在报送企业所得税纳税申报表时，应当按照规定附送财务会计报告和其他有关资料。

③核定征收企业所得税的管理

A. 主管税务机关应及时向纳税人送达《企业所得税核定征收鉴定表》，及时完成对其核定征收企业所得税的鉴定工作。具体程序如下：

（A）纳税人应在收到《企业所得税核定征收鉴定表》后 10 个工作日内，填好该表并报送主管税务机关。《企业所得税核定征收鉴定表》一式三联，主管税务机关和县级税务机关各一联，另一联送达纳税人执行。主管税务机关还可根据实际工作需要，适当增加联次备用。

（B）主管税务机关应在受理《企业所得税核定征收鉴定表》后 20 个工作日内，分类逐户审查核实，提出鉴定意见，并报县级税务机关复核、认定。

（C）县级税务机关应在收到《企业所得税核定征收鉴定表》后 30 个工作日内，完成复核、认定工作。

纳税人收到《企业所得税核定征收鉴定表》后，未在规定期限内填列、报送的，税务机关视同纳税人已经报送，按上述程序进行复核、认定。

B. 税务机关应在每年 6 月底前对上年度实行核定征收的企业所得税的纳税人进行重新鉴定。重新鉴定工作完成前，纳税人可暂按上年度的核定征收方式预缴企业所得税；重新鉴定工作完成后，按重新鉴定的结果进行调整。

C. 主管税务机关应当分类逐户公示核定的应纳所得税额或应税所得

率。主管税务机关应当按照便于纳税人及社会各界了解、监督的原则确定公示地点、方式。

纳税人对税务机关确定的企业所得税征收方式、核定的应纳所得税额或应税所得率有异议的，应当提供合法、有效的相关证据，税务机关经核实认定后调整有异议的事项。

D. 纳税人实行核定应税所得率方式的，按下列规定申报纳税

（A）主管税务机关根据纳税人应纳税额的大小确定纳税人按月或者按季预缴，年终汇算清缴。预缴方法一经确定，一个纳税年度内不得改变。

（B）纳税人应依照确定的应税所得率计算纳税期间实际应缴纳的税额，进行预缴。按实际数额预缴有困难的，经主管税务机关同意，可按上一年度应纳税额的 1/12 或 1/4 预缴或者按经主管税务机关认可的其他方法预缴。

（C）纳税人预缴税款或年终进行汇算清缴时，应按规定填写《中华人民共和国企业所得税月（季）度预缴纳税申报表（B类）》，在规定的纳税申报时限内报送主管税务机关。

E. 纳税人实行核定应纳所得税额方式的，按下列规定申报纳税：

（A）纳税人在应纳所得税额尚未确定之前，可暂按上年度应纳所得税额的 1/12 或 1/4 预缴，或者按经主管税务机关认可的其他方法，按月或按季分期预缴。

（B）在应纳所得税额确定以后，减除当年已预缴的所得税额余额按剩余月份或季度均分，以此确定以后各月或各季的应纳税额，由纳税人按月或按季填写《中华人民共和国企业所得税月（季）度预缴纳税申报表（B类）》，在规定的纳税申报期限内进行纳税申报。

（C）纳税人年度终了后，在规定的时限内按照实际经营额或实际应纳税额向税务机关申报纳税。申报额超过核定经营额或应纳税额的，按申报额缴纳税款；申报额低于核定经营额或应纳税额的，按核定经营额或应纳税额缴纳税款。

F. 对违反上述规定的行为，按照《税收征管法》及其实施细则的有关规定处理。

④专门从事股权（股票）投资业务所得税的征收管理

A. 专门从事股权（股票）投资业务的企业，不得核定征收企业所得税。

B. 依法按核定应税所得率方式核定征收企业所得税的企业，取得的转让股权（股票）收入等转让财产收入，应全额计入应税收入额，按照主营项目（业务）确定适用的应税所得率计算征税；若主营项目（业务）发生变化，应在当年汇算清缴时，按照变化后的主营项目（业务）重新确定适用的应税所得率计算征税。上述规定自 2012 年 1 月 1 日起施行。企业以前年度尚未处理的上述事项，按照上述规定处理；已经处理的，不再调整。

⑤终止经营

企业在年度中间终止经营活动的，应当自实际经营终止之日起 60 日内，向税务机关办理当期企业所得税汇算清缴。

企业应当在办理注销登记前，就其清算所得向税务机关申报并依法缴纳企业所得税。

⑥币种

依法缴纳的企业所得税，以人民币计算。所得以人民币以外的货币计算的，应当折合成人民币计算并缴纳税款。

2. 非居民企业

（1）判断标准及扣缴义务人

非居民企业是指依照外国（地区）法律成立且实际管理机构不在中国境内，但在中国境内设立机构、场所，或者在中国境内未设立机构、场所，但有来源于中国境内所得的企业。

（2）征税对象

非居民企业在中国境内设立机构、场所的，应当就其所设机构、场所取得的来源于中国境内的所得，以及发生在中国境外但与其所设机构、场所有实际联系的所得，缴纳企业所得税。

非居民企业在中国境内未设立机构、场所，或者虽设立机构、场所，但取得的所得与其所设机构、场所没有实际联系的，应当就其来源于中国境内的所得缴纳企业所得税。

(3) 税率

①标准税率

非居民企业在中国境内设立机构、场所且取得的所得与其所设机构、场所有实际联系的，就其来源于中国境内、境外的所得按25%的税率缴纳企业所得税。

在中国境内未设立机构、场所，或者虽然设立机构、场所但取得的所得与其所设机构、场所没有实际联系的非居民企业所适用的税率为20%。

②优惠税率

同居民企业一致，非居民企业在中国境内设立机构、场所且取得的所得与其所设机构、场所有实际联系的，税法规定了20%和15%的优惠税率。

非居民企业在中国境内未设立机构、场所且取得的所得与其所设机构、场所没有实际联系的，税法规定了10%的优惠税率。

非居民企业在中国境内未设立机构、场所且取得的所得与其所设机构场所没有实际联系的，应当就其来源于中国境内的所得，减按10%的税率征收企业所得税。

(4) 税收优惠

非居民企业减按10%的税率征收企业所得税。这里的非居民企业是指在中国境内未设立机构、场所，或者虽设立机构、场所但取得的所得与其所设机构、场所没有实际联系的企业。

该类非居民企业取得下列所得免征企业所得税：

①外国政府向中国政府提供贷款取得的利息所得；

②国际金融组织向中国政府和居民企业提供优惠贷款取得的利息所得；

③经国务院批准的其他所得。

(5) 应纳税所得额

①非居民企业的下列收入需缴纳企业所得税：

A. 在境内提供劳务取得的所得；

B. 转让位于境内的不动产、股权；

C. 从境内取得的股息、红利、利息、租金和特许权使用费。

其中，在境内提供劳务取得的收入，属于"非居民企业在境内设立机构、场所取得的收入"，而转让位于境内的不动产、股权，以及从境内取得的股息、红利、利息、租金和特许权使用费，属于"非居民企业在境内未设立机构、场所，但有来源于中国境内的所得"。

②在中国境内设立机构、场所且其来源于中国境内的所得与其机构、场所有实际联系的非居民企业的所得，主要是承包工程作业和提供劳务所得，也包括境内机构实现的其他生产经营所得、财产转让所得和其他所得。

其基本计算公式同居民企业一致。

该类非居民企业在境内提供劳务所得应纳企业所得税有两种征收方式：查账征收和核定征收。

在核定征收的方式下，应纳税所得额可以分为按收入总额、成本费用总额和经费支出总额三种方法计算应纳税所得额：

A. 按收入总额核定应纳税所得额：应纳税所得额＝不含增值税的收入额×经税务机关核定的利润率。

B. 按成本费用核定应纳税所得额：应纳税所得额＝成本费用总额/（1－经税务机关核定的利润率）×经税务机关核定的利润率。

C. 按经费支出换算收入核定应纳税所得额：应纳税所得额＝经费支出总额/（1－经税务机关核定的利润率）×经税务机关核定的利润率。

D. 有关于上述公式提及的利润率，税务机关可按照以下标准确定：

（A）从事承包工程作业、设计和咨询劳务的，利润率为15%—30%；

（B）从事管理服务的，利润率为30%—50%；

（C）从事其他劳务或劳务以外经营活动的，利润率不低于15%。

税务机关有根据认为非居民企业的实际利润率明显高于上述标准的，可以按照比上述标准更高的利润率核定其应纳税所得额。

③在中国境内未设立机构、场所，或者虽设立机构、场所但取得的所得与其所设机构、场所没有实际联系的非居民企业，按照下列方法计算其应纳税所得额：

A. 股息、红利等权益性投资收益和利息、租金、特许权使用费所得，以收入全额为应纳税所得额；

B. 转让财产所得，以收入全额减除财产净值后的余额为应纳税所得额；

C. 其他所得，参照前两项规定的方法计算应纳税所得额。

财产净值是指财产的计税基础减除已经按照规定扣除的折旧、折耗、摊销、准备金等后的余额。

非居民企业取得上述规定的相关所得，在计算缴纳企业所得税时，应以不含增值税的收入全额作为应纳税所得额。

（6）应纳税额的计算

①计算公式

企业所得税应纳税额计算公式如下：

扣缴企业所得税应纳税额 = 应纳税所得额 × 实际征收率

在中国境内设立机构、场所，取得发生在中国境外但与该机构、场所有实际联系的非居民企业的应税所得，可以从其当期应纳税额中抵免，抵免限额为该项所得依照规定计算的应纳税额；超过抵免限额的部分，可以在以后5个年度内，用每年度抵免限额抵免当年应抵扣税额后的余额进行抵补。

②特殊规定

采取核定征收方式征收企业所得税的非居民企业，在中国境内从事适用不同核定利润率的经营活动，并取得应税所得的，应分别核算并适用相应的利润率计算缴纳企业所得税；凡不能分别核算的，应从高适用利润率，计算缴纳企业所得税。

（7）源泉扣缴

①扣缴义务人

A. 对非居民企业在中国境内未设立机构、场所的，或者虽设立机构、场所但取得的所得与其所设机构、场所没有实际联系的所得应缴纳的所得税，实行源泉扣缴，以支付人为扣缴义务人。税款由扣缴义务人在每次支付或者到期应支付时，从支付或者到期应支付的款项中扣缴。

上述所称的支付人，是指依照有关法律规定或者合同约定对非居民企业直接负有支付相关款项义务的单位或者个人。

上述所称的支付，包括现金支付、汇拨支付、转账支付和权益兑价支付等货币支付和非货币支付。

上述所称的到期应支付的款项,是指支付人按照权责发生制原则应当计入相关成本、费用的应付款项。

B. 对非居民企业在中国境内取得工程作业和劳务所得应缴纳的所得税,税务机关可以指定工程价款或者劳务费的支付人为扣缴义务人。

②扣缴方法

A. 扣缴义务人扣缴税款时,按前述非居民企业计算方法计算税款。

B. 应当扣缴的所得税,扣缴义务人未依法扣缴或者无法履行扣缴义务的,由企业在所得发生地缴纳。企业未依法缴纳的,税务机关可以从该企业在中国境内其他收入项目的支付人应付的款项中,追缴该企业的应纳税款。

上述所称的所得发生地,是指依照实施条例第七条规定的原则确定的所得发生地。在中国境内存在多处所得发生地的,由企业选择其中之一申报缴纳企业所得税。

上述所称的该企业在中国境内其他收入,是指该企业在中国境内取得的其他各种来源的收入。

C. 税务机关在追缴该企业应纳税款时,应当将追缴理由、追缴数额、缴纳期限和缴纳方式等告知该企业。

D. 扣缴义务人每次代扣的税款,应当自代扣之日起 7 日内缴入国库,并向所在地的税务机关报送扣缴企业所得税报告表。

(8) 征收管理

①纳税地点

非居民企业在中国境内设立机构、场所的,应当就其所设机构、场所取得的来源于中国境内的所得,以及发生在中国境外但与其所设机构、场所有实际联系的所得,以机构、场所所在地为纳税地点。

非居民企业在中国境内设立两个或者两个以上机构、场所的,经税务机关审核批准,可以选择由其主要机构、场所汇总缴纳企业所得税。

非居民企业在中国境内未设立机构、场所的,或者虽设立机构、场所但取得的所得与其所设机构、场所没有实际联系的,以扣缴义务人所在地为纳税地点。

②纳税时间

企业所得税按纳税年度计算。纳税年度自公历 1 月 1 日起至 12 月 31

日止。

企业在一个纳税年度中间开业，或者终止经营活动，使该纳税年度的实际经营期不足 12 个月的，应当以其实际经营期为一个纳税年度。

企业依法清算时，应当以清算期间作为一个纳税年度。

企业所得税分月或者分季预缴。

企业应当自月份或者季度终了之日起 15 日内，向税务机关报送预缴企业所得税纳税申报表，预缴税款。

企业应当自年度终了之日起 5 个月内，向税务机关报送年度企业所得税纳税申报表，并汇算清缴，结清应缴应退税款。

企业在报送企业所得税纳税申报表时，应当按照规定附送财务会计报告和其他有关资料。

③征收方式

该类非居民企业在境内提供劳务所得应纳企业所得税有两种征收方式：

A. 查账征收。

B. 核定征收。

拟采取核定征收方式的非居民企业应填写《非居民企业所得税征收方式鉴定表》，报送主管税务机关。主管税务机关应对企业报送的鉴定表的适用行业及所适用的利润率进行审核，并签注意见。

对经审核不符合核定征收条件的非居民企业，主管税务机关应自收到企业提交的鉴定表后 15 个工作日内向其下达《税务事项通知书》，将鉴定结果告知企业。非居民企业未在上述期限内收到《税务事项通知书》的，其征收方式视同已被认可。

④币种

企业所得以人民币以外的货币计算的，预缴企业所得税时，应当按照月度或者季度最后一日的人民币汇率中间价，折合成人民币计算应纳税所得额。

年度终了汇算清缴时，对已经按照月度或者季度预缴税款的，不再重新折合计算，只就该纳税年度内未缴纳企业所得税的部分，按照纳税年度最后一日的人民币汇率中间价，折合成人民币计算应纳税所得额。

二 塞尔维亚企业所得税总体分析

（一）塞尔维亚企业所得税的总体演化变革

在 2001 年新政府上台之前，塞尔维亚仍然有旧的南斯拉夫税收制度的变体。税收改革的第一阶段于 2001 年春季开始，目标是减少税收和不同的税率。第二阶段开始于 2002 年秋季并进一步降低了税率，同时增加了对就业和投资的激励。企业所得税税率从 1998 年的 25% 降低到 1999 年的 20%。新一届政府在 2002 年 9 月将其再次降至 14%。

塞尔维亚的企业所得税税率为 15%。从 2003 年到 2018 年，塞尔维亚的企业税率平均为 12.27%，2013 年达到历史最高水平——15%。

（二）塞尔维亚现行企业所得税

塞尔维亚公司所得税是对塞尔维亚居民企业的全球所得和塞尔维亚非居民企业来源于塞尔维亚境内的所得所征收的一种所得税。

1. 居民企业

（1）判断标准及扣缴义务人

塞尔维亚适用地域管辖权。

塞尔维亚税法规定的居民纳税人，是指在塞尔维亚依法注册成立的或管理控制地在塞尔维亚的法人实体。

纳税人为注册的股份公司、有限责任公司、一般合伙人、有限合伙人、社会所有制公司以及合作制企业或任何从货物销售和市场服务中获取收入的其他法人实体。

（2）征收范围

应税收入的确认通常以权责发生制为基础，包括营业收入、财务收入和其他收入。其中，营业收入主要指销售货物及提供劳务取得收入、政府拨款等；财务收入主要指利息收入、股息收入及汇兑收益；其他收入主要是资本利得。

公司的应纳税所得额为总收入扣除成本、费用，包括营业成本费用、财务成本费用、非营业成本费用及非经常项目成本费用；其中，营业成本费用包括产品销售成本、原材料成本、工资薪金、服务成本、折旧等；

财务成本费用包括利息、汇兑损失等；非营业成本费用和非经常项目的成本费用，包括资本损失、风险准备金等。

计税基础是基于损益表进行税务调整而得到的税务平衡表来计算的。经过税务调整之后，应税所得和会计利润存在差异。

(3) 税率

公司所得税率为15%，无附加税，无可替代最低税。居民纳税人的资本利得适用相同税率（计入年度所得税申报表）。

企业预提所得税税率为20%。

(4) 税收优惠

①当公司同时满足下列条件时，从实现应税所得的年度开始，公司可以享受免征10年所得税的优惠：

企业投资固定资产，或由其他人向企业投资固定资产，投资的金额超过10亿第纳尔；在投资期间额外雇佣100名以上的员工，且为无限期合约。

固定资产投资包括对初始股本投资或增资，固定资产的价值以公允价值计量。

投资的固定资产不包括非用于经营活动的汽车、飞机和轮船，也不包括家具（除了酒店、旅馆和餐馆等）、地毯、艺术品、手机、空调系统、视频监视器和公告牌。

按照公司利润法第50条规定，税收减免的幅度取决于符合条件的投资在纳税人总固定资产的价值占比。

②与特许经营权相关的投资，允许企业5年内免征公司所得税。从事职业培训、职业康复和残疾人就业的企业可根据上述员工占企业总员工比例免征公司所得税。

③对以租赁方式开展基础设施项目的大型投资，免征5年的公司所得税。

④对中小企业也给予免税抵扣优惠。抵扣额度比例为企业当年投资总额的40%，但免税抵扣额不能超过外商当年应交税额的70%。如免税抵扣额度未用，可留用10年。

(5) 应纳税所得额

①收入确认时点

应税收入的确认应与企业适用的国际会计准则和国际财务报告准则保持一致，同时遵循塞尔维亚公司所得税法的相关要求。对于未适用上述会计准则的企业，应根据塞尔维亚财政部在公司所得税法中的要求进行收入确认。

②不征税和免税收入

取得的塞尔维亚税收居民分配的股息和来自塞尔维亚政府、自治省、地方政府或塞尔维亚国家银行发行的债券利息所得享受免税优惠。

③税前扣除

企业在纳税年度为经营活动实际发生的支出允许在税前扣除。可扣除的费用包括营业费用（例如：产成品采购成本、材料成本、工资薪金、折旧等），财务费用（例如：利息、汇兑损失等），非营业费用和其他额外费用（例如：资本损失、风险准备金等）。但某些项目的扣除在一定条件下受到扣除数额和扣除时间的限制。

允许税前扣除的费用包括：

员工薪酬，全部劳动成本可以税前抵扣；

董事费，按损益表所列金额税前抵扣；

股息，由纳税人分配的股息不可税前扣除。但依据个人所得税法，基于员工享有的利润分配权而支付给员工股息，如被视同为员工取得的其他收入，则该股息可以税前抵扣；

利息，可以税前扣除，但不包括因以下事项逾期支付的利息，即税款、社会保险缴纳、其他公共开支以及关联方之间的付款；

特许权使用费被认作为营业费用可以全额税前抵扣；

服务和管理费，可按损益表所列金额进行税前抵扣；

研究和开发费，可按损益表所列金额进行税前抵扣。

不可进行税前扣除的费用包括：

无记录证明的费用；

评估个人（债权人）提出的索付要求；

赠送政治机构的礼品；

无记录证明的馈赠礼品和其他广告宣传品，或馈赠关联方的礼品；

未及时纳税、捐赠和缴纳其他公共费用而支付的利息；

罚款；

非业务活动发生的费用；

资产损失发生的费用，不可抗力的情况除外；

因工人退休、中止劳动合同而未付的多余补偿金；

关联方之间产生的逾期利息。

限额税前扣除的费用包括：

在满足要求的情况下，与医疗、教育科学、人道主义（包括紧急救援）、宗教、环境保护和体育、社会保护组织捐助有关费用的最高扣除限额为收入总额的5%；

与文化有关的投资的最高扣除限额为收入总额的5%；

支付给商会和其他协会的会费（政党除外）的最高扣除限额为收入总额的0.1%；

广告和促销支出的最高扣除限额为收入总额的10%；

业务招待费的最高扣除限额为收入总额的0.5%；

财产税、由雇主缴纳的社会保险，其他非依赖于公司运营成果的费用和公共开支可以全额进行税前抵扣；

依据资产适用的不同的年折旧率，可将资产分为五类。第一类为不动产，按照直线法进行折旧，适用的年折旧率为2.5%。其余四类资产则按照余额递减法进行折旧，年折旧率分别为10%、15%、20%和30%。

亏损企业的资产也应计提折旧。

只有资产的法定所有人可以对资产计提折旧。根据会计法规定，资产实际使用的次月起开始计提折旧。但是由于不可抗力的原因导致资产毁坏，允许停止计提折旧。

房屋建筑物可依据直线法，以购买价格适用2.5%的折旧率单独计提折旧。

在纳税年度中购买的不动产，依据比例直线法从开始计算折旧的日期到纳税年年底进行折旧。从关联方购买的不动产，折旧基础按不动产的转让价格和公平交易价格孰低的原则确定。上述折旧原则适用于其他可折旧的资产。

厂房、机器设备根据性质一律按照余额递减法进行折旧，年折旧率分别为 10%、15%、20% 或 30%（例如：飞机、载客车辆、空调折旧率为 10%；工业机器、卡车的折旧率为 15%；环境设备、无线电广播设备的折旧率为 20%；土建机械、电脑的折旧率为 30%）；

商标、专利、版权、模型和特许经营权按 10% 进行摊销；

商誉，从税务角度不被确认为资产，不折旧不摊销；

其他资产、视频游戏、光盘和数字多功能光盘等年折旧率为 30%。

不动产的销售价格高于净计税价值将产生资本利得。资本利得是销售价格和经折旧的购买价格之间的差异。不论纳税人是否产生应税收入或损失，资本利得均应纳税。机器设备的销售价格和账面净值的差异作为一般应税收入（即不属于资本利得）。

对于可结转的多余折旧，无特殊规定。

④亏损弥补

税收亏损可向以后 5 年结转并抵扣相应收益，但不可以按以前年度结转。因合并和企业法律形式变化产生的亏损可结转。因分割或分立导致的亏损，可以在分立公司和被分立公司之间分配。

资本亏损可抵减在同一纳税年度中实现的资本利得。如果资本亏损抵减资本利得后有剩余，则剩余的亏损可在未来 5 年内继续结转，并抵消以后年度产生的资本利得。

⑤特殊事项的处理

境外税收抵免：已支付的外国税款可享受抵免，但抵免额度限于境外收入依塞尔维亚税法规定计算的应纳税额。

(6) 应纳税额计算

应纳税额 =（企业会计利润 + 税务调增项目 – 税务调减项目 + 其他税务调整项目 – 税收抵免项目 – 其他税费）× 公司所得税税率

(7) 合并纳税

合并纳税规定：塞尔维亚居民企业可以选择合并纳税，以集团为单位提交一份合并申报表，前提条件是母公司直接或间接持有子公司 75% 以上的股权，可组成合并纳税集团。

合并纳税集团内各成员企业有义务按其份额单独申报纳税，母公司向主管税务机关申请并以集团公司名义进行合并纳税申报。一旦采取了合并申报制，至少五年内不得变更。

非居民企业不可选择合并纳税。集团内各公司间的盈亏可以相抵。企业在合并纳税前产生的损失可以被用于抵消收益，抵消后的所得或损失用于合并纳税。

因不满足最低持股比例75%的要求或企业集团决定不再合并纳税时，集团内成员公司有义务按比例返还之前由于合并纳税所享有的税收优惠减免，但无须支付利息。

(8) 征收管理

塞尔维亚公司需要根据国际会计准则准备财务报表。财务报表必须每年编制。

一个公历年即为一个纳税年度。

公司所得税当前年度的月度预缴税金金额是基于前一纳税年度的应付税金金额。当企业在公历年内由于合并分立事项导致企业运营终止或企业开始进入清算或破产程序，企业的纳税年度为当年的1月1日至上述事项引起的商业登记变更日。如果企业在公历年中开始运营，企业的纳税年度为从商业登记日起至当年的12月31日。

(9) 其他

①公积金

公积金产生于留存收益和股本（不超过股本价值的10%），由企业章程规定公积金的目的、用途和种类。通常情况下，依据公积金的不同用途，可将公积金分类为：转增股本的公积金，注销优先股的公积金和弥补未来亏损的公积金。公积金可以在事后撤销但无纳税义务。

②准备金

准备金是关于有到期日和具体应纳金额的不确定负债。

坏账与呆账准备，对个别应收账款的冲销，除了债务人与债权人同为一人的情况下，如满足以下条件，可以被确认为费用：第一，确实无法收回；第二，有证据显示对债务人提出法律诉讼程序，或扣押财物，或应收账款已经在清算或破产程序中进行了申报。

若对个别债务人进行法律程序所产生的成本（例如：诉讼费用）超过索赔金额，对该债务人冲销的应收账款在任何情况下均可以被认定为费用。

重组或财务重组过程中对个别应收账款的冲销也可被确认为费用。

另一种方法，若此应收账款超过到期日期至少 60 天，相应的准备金可税前抵扣。每一笔应收账款均应计提准备金。

所有的冲销项目，已计提准备金的应收账款后续又被收回，或债权人撤回索赔，在应收账款收回或撤回索赔时确认为收入。对于未确认为费用的部分，当应收账款收回时，可不确认为收入。

应收账款的销售产生的损失应被确认。

为自然资源的更新，质保期成本，留存的保证金和押金而产生的长期准备金应该被确认为费用。

强制性的其他准备金应被确认为费用。

纳税人在私有化重组中通过债转股的方式对法律实体的股本减值产生的费用可进行税前抵扣。

在长期准备金形成的纳税年度内，该准备金没有被确认为费用，则因该未利用的长期准备金实现的收入可不作为应税收入。

③资本利得

资本利得是资本资产处置而获得的对价，包括股份的处置、长期债券的处置、开放式投资基金的处置、知识产权的处置以及房地产的处置。

资本利得是资产销售价格和原采购价格的正差异；当该差异为负数时，则称作资本损失。

资本利得应作为纳税人的应税收入。税法并未对短期和长期的资本利得规定不同的税务处理方式。资本损失不可冲抵营业收入和财务收入。

只有当资本利得真正实现时才需应税，例如资产处置获得的对价。

资本利得免税的情况包括：处置塞尔维亚政府发行的关于"经济发展贷款"债券的利得（事实上，政府从未偿付贷款而是转换成债券）；公民处置冻结的外币存款账户的利得；处置塞尔维亚政府、自治省、地方政府或国家银行发行的债券和信用债券形成的利得。

资产利得的递延纳税：资本利得通常随着公司重组（例如合并或分立）而递延，随后发生税负，例如，当新的法人出售接管的资产时。如果被转让公司的所有者收取新公司的股票以及现金（不超过正常股票或奖金的 10%），将发生同样的递延。

2. 非居民企业

(1) 判断标准及扣缴义务人

原则上，如果法律实体不满足塞尔维亚税收居民企业的定义，则被视为塞尔维亚非居民企业。

在塞尔维亚设有常设机构的塞尔维亚非居民企业对归属于常设机构的收入及来源于塞尔维亚的收入缴纳公司所得税。在塞尔维亚没有常设机构的非居民企业仅就来源于塞尔维亚的收入缴纳公司所得税。

(2) 所得来源地的判定标准

塞尔维亚公司所得税并无独立的条文规定关于所得来源地的判定标准，可根据所得的不同性质判定所得来源地，具体如下：

①经营所得

如果非居民纳税人通过设立在塞尔维亚的常设机构获得经营所得，则该经营所得应被认为是来源于塞尔维亚，应在塞尔维亚缴纳公司所得税。

②股息、利息、版税

如果股息、利息或特许权使用费的支付方是塞尔维亚税收居民实体，则该股息、利息或特许权使用费应被认为是来源于塞尔维亚。

③不动产或动产租金收入

就位于塞尔维亚境内的不动产或动产所付的租金应被认为是来源于塞尔维亚。

④资本利得

如果资本利得的支付人是塞尔维亚纳税人或者在塞尔维亚境内的其他非居民纳税人、自然人或居民、非居民投资基金，则应认为该资本利得来源于塞尔维亚。

(3) 税率

非居民企业通过设立在塞尔维亚的常设机构所获得的经营所得应缴纳15%的公司所得税，其他来源于塞尔维亚的收入应缴纳20%的预提所得税。

(4) 征收范围

非居民企业应就其通过设立在塞尔维亚的常设机构所获得的经营所得在塞尔维亚缴税，除此之外，还应就来源于塞尔维亚的某些所得支付缴纳预提所得税。

（5）应纳税所得额

①非居民企业构成常设机构

非居民纳税人在塞尔维亚构成常设机构，如果该常设机构依据会计、审计等相关规定独立记账（如分支机构或非居民纳税人的其他组织部门），则常设机构应依照居民纳税人相关规定计算应纳税所得额并进行纳税申报；如果非居民纳税人的常设机构并未进行独立记账，则应记录与常设机构收入与费用相关的所有数据，以及其他有助于确认常设机构经营所得的数据。

在塞尔维亚的常设机构应支付给非居民企业总部的借款利息及相关成本不作为该常设机构的费用税前列支。

在塞尔维亚的常设机构应支付给非居民企业总部的特许权使用费不作为该常设机构的费用税前列支。

②非居民企业不构成常设机构

非居民纳税人就来源于塞尔维亚的资本利得缴纳预提所得税，其应纳所得额为买卖差价。其中，售出价通常指成交价与市场价之间的更高者，而买入价通常指购入该资产时所支付的对价与折旧之间的差额。通常，除资本利得以外，其他所得应按照实际支付额缴纳预提所得税。

（6）应纳税额所得额计算

应纳税额 = 应纳税所得额 × 税率

（7）税收优惠

①对固定资产投资达800万欧元，投资期内新增就业人员100人以上的非居民企业，免征10年企业所得税。对以租赁方式开展基础设施项目大型投资的非居民企业，免征5年企业所得税。

②对投资不足800万欧元的非居民企业给予按比例抵扣减税优惠。非居民企业固定资产投资额的20%可作为免税额度抵扣应交所得税（称为免税抵扣额度），但该免税抵扣额不能超过非居民企业当年应交税额的50%。免税抵扣额度可留用，使用有效期最长为10年。

③对特定领域的非居民企业实行高额免税抵扣办法。免税抵扣额度可达非居民企业固定资产投资额的80%。免税抵扣额度可留用，使用有效期最长为10年。特定投资领域包括：农业、渔业、纺织生产、服装生

产、皮革生产、初级金属加工、金属标准件制造、机械设备、办公设备、电气设备、广播电视及通讯设备、医疗器械、汽车、再生资源和影像制品。

（8）预提所得税

对非居民企业的某些支付（股息、股票利润、版税、利息、资本收益、房地产和其他资产的租赁支付）征收20%的预提税。有关避免双重征收预提税的条款将采用。但是非居民企业必须证明是居住在条约所包括的国家内，并提交居住国家出具的有效文件。

股息：非居民企业需就其收到的股息缴纳20%的预提税，除非税收协定给予更低的税率。向优惠税率地区居民个人支付的款项适用25%的预提税。

利息：非居民企业需就收到的利息缴纳20%的预提税，除非税收协定给予更低的税率。向优惠税率地区居民个人的支付适用25%的预提税。

特许权使用费：非居民企业需就收到的特许权使用费缴纳20%的预提税，除非税收协定给予更低的税率。向优惠税率地区居民个人的支付适用25%的预提税。

舞台表演、娱乐、艺术、体育或其他类似的活动收入，非居民纳税人需就其所收到的相关收入缴纳20%预提所得税，但是如果获得收入的个人（如表演者、音乐家、运动员或其他类似个人）已经在塞尔维亚就该所得缴纳个人所得税的除外。

技术服务费无预提税。

支付给非居民企业的动产和不动产的租金适用20%的预提税，除非税收协定给予更低的税率。财产租赁所得以及支付给税收优惠地区居民个人的服务费适用25%的预提税。

（9）亏损弥补

非居民企业构成常设机构的情况下，亏损弥补同居民企业规定。

（10）征收管理

纳税人（除银行外）如为境外母公司在塞尔维亚的子公司或分支机构，境外母公司所在国的纳税年度不适用公历年度，纳税人需向塞尔维亚财政部或国家银行负责人准备和提交相应的财务报告以及要申请的纳税年度区间。该申请被批准后，税务机关则需按要求给予纳税人不同于公历年度的纳税年度许可。同时，纳税人需适用该获批的纳税年度至少5年。

（11）特殊事项的处理

居民纳税人有义务就支付给非居民纳税人的股息、利息、版税、租金收入、娱乐或运动收入进行代扣代缴。如果非居民纳税人收到的股息、利息、版税、娱乐或运动收入、不动产或动产租金是支付给其在塞尔维亚的常设机构，则该支付不须缴纳预提所得税。

非居民纳税人应当通过依法指定的税务代理在塞尔维亚提交关于资本利得预提所得税的纳税申报表，申报表须向收入产生的当地税务局递交，且须在收入产生之后15日内提交。

三 中国与塞尔维亚企业所得税的对比分析

（一）中塞企业所得税纳税义务人的对比分析

1. 居民企业

中塞企业所得税法中关于居民企业的定义大致相同，居民企业都是指依照本国法律在本国境内成立或者实际管理控制权在本国的法人实体。

中国企业所得税法中这些法人实体大致包括国有企业、集体企业、私营企业、联营企业、股份制企业，外商投资企业、外国企业以及有生产、经营所得和其他所得的其他组织。

在塞尔维亚企业所得税法中这些法人实体大致包括股份公司、有限责任公司、一般合伙人、有限合伙人、社会所有制公司以及合作制企业或任何从货物销售和市场服务中获取收入的其他法人实体。虽然名称上有所不同，但是在实质上是一致的。

2. 非居民企业

关于非居民企业的定义，中塞税法中的规定类似：在本国设有常设机构、场所，或者在本国未设有机构、场所，但是有来源于本国境内的所得的企业。

(二) 中塞企业所得税征税对象的对比分析

1. 居民企业

中国企业所得税法中规定居民企业应当将其来源于国内国外的所得作为征税对象，这些所得包括销售货物所得、提供劳务所得、转让财产所得、股息红利所得等权益性投资所得、利息所得、租金所得、特许权使用费所得、接受捐赠所得和其他所得。

在塞尔维亚企业所得税法中，居民企业应当对其应税收入进行纳税，这些应税收入包括营业收入、财务收入和其他收入，再进一步细分为销售货物及提供劳务取得收入、政府拨款、利息收入、股息收入及汇兑收益和资本利得，等等。

通过比较可以发现，在居民企业所得税征税对象方面，中塞企业所得税法中的规定大同小异。两国都规定居民企业应当将其全部收入和利得作为征税对象

2. 非居民企业

中塞两国关于非居民企业征税对象的规定既存在相同之处，也存在不同之处。

相同点在于两国的税法中均规定非居民企业取得的与其在本国境内设立的机构、场所有关的国内或国外所得作为企业的征税对象。

不同之处在于中国的企业所得税法中还规定了非居民企业在中国境内未设立机构、场所，或者虽设立机构、场所，但取得的所得与其所设机构、场所没有实际联系的，应当就其来源于中国境内的所得缴纳企业所得税。

通过比较可以发现，中国税法规定的非居民企业所得税征税对象的范围要大于塞尔维亚税法中所规定的范围。

(三) 中塞企业所得税税率的对比分析

1. 居民企业

中国企业所得税法中规定：居民企业应按照25%的税率缴纳企业所得税，针对符合条件的企业按15%或20%优惠税率征税。该税率从2008年开始执行，在这之前企业所得税税率为33%。

塞尔维亚居民企业适用的所得税率为15%。值得注意的是，塞尔维亚企业所得税税率变化频率较快，从2002年的20%到2003年的14%，再到2004年的12.33%，之后在2005—2015年维持在10%，最终到现行税率15%。企业所得税税率总体上经历了由高到低再升高的过程。这种税率的波动在一定程度上反映了塞尔维亚总体经济状况由低迷到复苏的过程。

通过比较两国关于居民企业适用的企业所得税税率可以得出，无论是以前还是现在，中国的企业所得税率都高于塞尔维亚的企业所得税率，所以中国的居民企业承担了更重的税负压力。

2. 非居民企业

中国企业所得税法规定非居民企业在中国境内设立机构、场所且与其所设立的机构、场所有实际联系的所得同居民企业一致，按25%的税率征收企业所得税，对于符合条件的企业按15%或20%的优惠税率征税。

针对在中国境内未设立机构、场所，或者虽然设立机构、场所但取得的所得与其所设机构、场所没有实际联系的非居民企业所适用的税率为20%，但是由于国家对此类非居民企业给予10%的税收优惠，所以在实际征税工作中通常按照10%的税率征收企业所得税。

塞尔维亚企业所得税法规定非居民企业通过设立在塞尔维亚的常设机构所获得的经营所得应缴纳15%的公司所得税，其他来源于塞尔维亚的收入应缴纳20%的预提所得税。

通过比较可以看出，针对在本国境内设立机构、场所且所得与该机构、场所有关的非居民企业，中塞两国税法都规定其采用同居民企业相同的企业所得税税率，这说明此类非居民企业在企业所得税的征收问题上，同居民企业并无本质差别。

但是两国关于除上述所说的企业之外的非居民企业的企业所得税税率的规定却有着较大差别。

中国税法规定，在中国境内未设立机构、场所，或者虽然设立机构、场所但取得的所得与其所设机构、场所没有实际联系的非居民企业的税率低于上述非居民企业的税率，并且实际征收中按照优惠税率征收。

塞尔维亚税法中规定其他来源于塞尔维亚的收入适用20%的税率，高于在塞尔维亚设有常设机构的非居民企业所适用的税率。

这说明相比于塞尔维亚，中国给予了国外企业更多的优惠和支持，有利于吸引国外资本的进入，同时也有利于同其他国家达成互相税收优惠的共识，有利于本土企业和资本的扩张，进一步扩大海外市场。

（四）中塞企业所得税应纳税所得额及应纳税额的对比分析

1. 居民企业

首先，中塞两国计算企业所得税应纳税额时，采用相同的公式：应纳税所得额＝收入总额－不征税收入－免税收入－各项扣除，这是由于两国的会计准则均与国际会计准则接轨，所以两国关于企业所得税的许多规定都存在一致之处。

其次，中塞两国在计算收入时均采用权责发生制，属于本期的收入无论是否在本期收回均在本期确认。两国税法中关于应税收入的确定已经在上一点说明了，这里就不再赘述。

另外，关于免税收入和不征税收入的规定，两国也存在着相同之处。国债利息收入，符合条件的股息、红利等均享受免税优惠。但需要注意的一点是中国的企业所得税法中还规定了财政拨款、依法收取并纳入财政管理的行政事业单位性收费和政府性基金、其他符合国务院规定的不征税收入，这点与塞尔维亚税法的规定存在差异。

再次，在扣除项目上，两国税法中也有着相同的规定。简要地说，可扣除项目主要包括成本、费用、税金、损失、其他支出。具体地说，相同的可扣除项目包括工资、薪金支出；利息费用；研发支出和管理费用等。尽管总体上存在相同之处，但是在某些方面两国税法中的规定还是有所差异，比如"资产损失"在中国税法中被规定为可以税前扣除，但是在塞尔维亚的税法中却不允许扣除。

在不可扣除项目上，两国的规定也存在相同之处，税收滞纳金、罚金、罚款和被没收财物的损失、企业之间支付的管理费、企业内营业机构之间支付的租金和特许权使用费，以及非银行企业内营业机构之间支付的利息、与取得收入无关的其他支出等项目不得扣除。

最后，两国税法都规定企业纳税年度发生的亏损，准予向以后年度结转，用以后年度的所得弥补，但结转年限最长不得超过五年。

中塞两国在计算应纳税额时，也都使用相同的计算公式：

应纳税额＝应纳税所得额×适用税率－减免税额－抵免税额

而且已支付的外国税款可在限额内抵免纳税年度应交企业所得税。

2. 非居民企业

中塞企业所得税法均按照非居民企业是否在本国设立机构、场所且所得是否与该机构场所有实际联系，分别核算两类非居民企业的应纳税所得额。

两国税法规定：非居民企业在本国境内设立机构、场所且其所得与该机构、场所有实际联系的，应纳税所得额的计算同非居民一致。

但是两国税法关于在本国未设立机构、场所或虽设立机构、场所但是取得的所得与该机构、场所没有实际联系的非居民企业应纳税所得额的规定既存在相同之处，又存在不同之处。

相同点在于都针对来源于本国境内的所得进行征税，不对来源于境外的所得征税。

另外，中塞两国采取相同的计算公式来计算应纳税额：

应纳税额＝应纳税所得额×税率

不同之处在于中国税法规定，除转让财产以外的资本利得按照全额征收，转让财产按净额征收，其他利得按照前两种核算方法中适合的方法核定应纳税所得额。而塞尔维亚税法中规定，资本利得按照买卖差价进行征收，其他所得按照实际支付额预缴所得税。

（五）中塞企业所得税税收优惠的对比分析

1. 居民企业

税收优惠包括免征和减征优惠。两国关于免税收入的规定比较已经在上一点中说明，在此就不再赘述。

在居民企业减征优惠方面，两国税法规定的差异大于一致，原因是两国的经济环境并不相同，虽然税法在总体上一致，但是在细节上却需要结合本国实际来制定更加贴合本国国情的税收优惠政策。

税收优惠相同之处在于两国存在相同的减征项目，比如从事职业培训、职业康复和残疾人就业以及其他国家鼓励安置的其他就业人员的工资可以在计税前加计100%扣除；符合条件的中小型企业提供税收减免等。

不同之处体现在减征项目、优惠比例上。中塞税法都各自规定了贴切本国实际情况的减征项目。比如中国税法中规定从事农、林、牧、渔业项目的所得免征企业所得税；企业从事花卉、茶以及其他饮料作物和香料作物的种植、海水养殖、内陆养殖，减半征收企业所得税；国家需要重点扶持的高新技术企业，按15%的税率征收企业所得税；民族自治地方的自治机关对本民族自治地方的企业应缴纳的企业所得税中属于地方分享的部分，可以决定减征或者免征；创业投资企业从事国家重点扶持和鼓励的创业投资的，可以按投资额的一定比例抵扣应纳税所得额；企业综合利用资源，生产符合国家产业政策规定的产品所取得的收入，可以在计算应纳税所得额时减计收入；企业购置用于环境保护、节能节水、安全生产等专用设备的投资额，可以按一定比例实行税额抵免。可以看出这些项目的制定都是从中国实际出发，符合本国国情要求的。

同时塞尔维亚税法中也有其独特的项目，比如企业投资固定资产，或由其他人向企业投资固定资产，投资的金额超过10亿第纳尔，从实现应税所得的年度开始，公司可以享受免征10年所得税的优惠；在投资期间额外雇佣100名以上的员工，且为无限期合约的免征10年企业所得税；与特许经营权相关的投资，允许企业5年内免征公司所得税；对以租赁方式开展基础设施项目的大型投资，免征5年的公司所得税，等等。

在优惠比例上，两国也存在不同，比如中国税法规定符合条件的小型微利企业，减按20%的税率征收企业所得税。

在塞尔维亚税法中，对中小企业给予的免税抵扣优惠，抵扣额度比例为企业当年投资总额的40%，但免税抵扣额不能超过外商当年应交税额的70%等。

可以看出，两国税法中的规定既存在相同也存在不同，我们在进行分析比较时应当结合两国的实际国情，全面准确地分析两国的税收优惠。

2. 非居民企业

中国税法规定在中国境内未设立机构、场所，或者虽设立机构、场所但取得的所得与其所设机构、场所没有实际联系的非居民企业，减按10%的税率征税。

塞尔维亚税法规定对固定资产投资达800万欧元，投资期内新增就业人员100人以上的非居民企业，免征10年企业所得税；对以租赁方式开展基础设施项目大型投资，免征5年企业所得税；对投资不足800万欧元的非居民企业给予按比例抵扣的减税优惠；非居民企业固定资产投资额的20%可作为免税额度抵扣应交所得税（称为免税抵扣额度），但该免税抵扣额不能超过非居民企业当年应交税额的50%，免税抵扣额度可留用，使用有效期最长为10年；对特定领域的非居民企业实行高额免税抵扣办法。免税抵扣额度可达非居民企业固定资产投资额的80%。免税抵扣额度可留用，使用有效期最长为10年。

通过比较可以发现，相对于中国税法中规定的税收优惠，塞尔维亚税法提供的税收优惠大多为暂时性优惠；在免征时间或免税抵扣额可结转时间上，中国一般为5年，而塞尔维亚一般为5年或者10年，而且可以看出，在优惠比例上，两国也存在不同。

（六）中塞企业所得税征收管理的对比分析

1. 居民企业

中塞两国企业所得税征收管理的比较主要体现在纳税地点、纳税期限等方面。

在纳税地点方面，中国税法规定，居民企业以企业登记注册地为纳税地点，但登记注册地在境外的，以实际管理机构所在地为纳税地点。居民企业在中国境内设立不具有法人资格的营业机构的，应当汇总计算并缴纳企业所得税。

塞尔维亚税法规定，企业所得税适用地域管理。

这也就是说，在纳税地点方面中塞具有共同点，都是以企业登记注册地或者实际管理机构所在地为纳税地点。

在纳税期限方面，中国税法规定，企业所得税按年计征，分月或者分季预缴，年终汇算清缴，多退少补，纳税年度为公历1月1日至12月31日，若实际经营期不足一年的，应当以实际经营期为一个纳税年度，企业清算时以清算期间为1个纳税年度。企业应当自年度终了之日起5日内，向税务机关保送纳税申报表，并且结清应缴应退税款。企业在年度中间终止经营活动的，应当自终止经营之日起60日内，向税务机关办理汇算清缴。

塞尔维亚税法规定，一个公历年即为一个纳税年度。当前年度的企业所得税月度预缴税金金额是基于前一纳税年度的应付税金金额。当企业在公历年内由于合并分立事项导致企业运营终止或企业开始进入清算或破产程序，企业的纳税年度为当年的 1 月 1 日至上述事项引起的商业登记变更日。如果企业在公历年中开始运营，企业的纳税年度为从商业登记日起至当年的 12 月 31 日。

通过比较可以看出，在纳税期限方面中塞两国的规定基本相同，都是以一个公历年为一个纳税年度，而对于开业、合并、关闭等特殊原因导致的经营期限不足 12 个月的，以实际经营期限为一个纳税年度。

在币种方面，两国都规定企业适用本国货币进行纳税申报。中国为人民币，塞尔维亚为第纳尔。

2. 非居民企业

在纳税地点方面，中国税法规定，非居民企业在中国境内设立机构、场所的，应当就其所设机构、场所取得的来源于中国境内的所得，以及发生在中国境外但与其所设机构、场所有实际联系的所得，以机构、场所所在地为纳税地点。

非居民企业在中国境内设立两个或者两个以上机构、场所的，经税务机关审核批准，可以选择由其主要机构、场所汇总缴纳企业所得税。

非居民企业在中国境内未设立机构、场所的，或者虽设立机构、场所但取得的所得与其所设机构、场所没有实际联系的，以扣缴义务人所在地为纳税地点。

塞尔维亚税法规定的非居民企业纳税地点和中国的规定基本一致，在本国境内设立常设机构的非居民企业以其机构所在地为纳税地点；在本国境内未设立常设机构的，以代理人所在地为纳税地点。

在纳税时间方面，中塞税法的规定同居民企业一致，这里就不再赘述。此外，值得注意的一点是，塞尔维亚税法还规定了纳税人（除银行外）如为境外母公司在塞尔维亚设立的子公司或分支机构，境外母公司所在国的纳税年度非适用公历年度，纳税人需向塞尔维亚财政部或国家银行负责人准备和提交相应的财务报告以及要申请的纳税年度区间。该申请被批准后，税务机关则需按要求给予纳税人不同于公历年度的纳税年度许可。同时，纳税人需适用该获批的纳税年度至少 5 年。

四　中国与塞尔维亚企业所得税差异协同研究

(一) 进一步完善中塞税收协定体系

中塞应当进一步完善同塞尔维亚签订的税收协定体系，促使双方在企业所得税方面达成共识。例如双方互相给予对方企业更加优惠的企业所得税税率，扩大可扣除项目的范围以及扣除比例等。这样一来，既可以为中国企业争取到对外投资公平良好的税收环境，减轻企业负担，降低投资成本，又可以推动塞尔维亚招商引资项目的发展，带动塞尔维亚经济发展，贯彻落实"一带一路"沿线国家共同发展的政策。

同时中塞两国应当修改两国之间不合时宜的税收协定条款。由于两国之间现有的税收协定体系可能滞后于国际经济环境的变化，所以中塞两国应当在深入了解双方经济发展现状以及国际税收环境变化的前提下，保留仍适合经济环境变化步伐的税收协定条款，修改不合时宜的税收协定条款，增加能够实现双方经济长远发展的税收协定条款。只有这样，才能使得两国之间的合作关系更加牢固，更能应对国际经济环境变化的冲击。

最后，双方还应当就已达成的税收协定条款作出进一步解释，避免在实际操作中因为理解差异而产生争议。

(二) 完善中塞两国企业所得税征收管理

良好的税收征收管理技术是保障双方落实税收协定条款的基础，也是保障两国企业获得最大税收优惠的前提。中塞两国应当从纳税方式、纳税服务、纳税监管三个方面提高本国税收征收管理的水平。

首先，从纳税方式方面，两国税务机关应当升级传统的征税方式，强化互联网技术的运用，建立完善的网上纳税系统，使两国企业可以通过互联网进行纳税申报、缴纳、查询、咨询等。同时建立纳税人信息库，利用大数据分析中塞税收合作成果以及不足之处，提供未来两国有关税收协定的改进方向。

其次，从纳税服务方面，两国税务机关应当建立专门的纳税服务组织，用于解答两国企业在他国境内、外纳税时遇到的困难，帮助两国企业更加深入地了解和运用对方提供的税收优惠政策，避免因为企业对他国税收制度了解不足而造成的企业经济利益损失。

最后，从纳税监管方面，两国的税务机关应当建立专门的纳税监管小组，严格按照双方现有的企业所得税制度和签订的税收协定条款，对中塞企业的纳税活动进行监管，避免出现不符合要求的企业适用税收优惠，或者是符合要求的企业超额滥用税收优惠的行为。

(三) 加强中塞两国税务部门之间的联系

两国税务部门之间隔空对话难免会产生理解上的差异，加强两国税务部门之间的交流，尽可能地让两国税务部门直接沟通，这样才能真正让中塞两国了解对方国家的税收政策，有利于双方强化税收协调工作，加强税务合作。而且通过税务部门之间的交流，两国可以积累经验，并在此基础上调整更新税收政策，使其更符合两国合作深化的要求以及国际经济环境的发展变化。

另外，两国税务部门可以定期组织人员交流活动，组织专业技术培训，增强税务人员的职业素质，为以后的税收征收管理工作提供指导。例如双方可以根据中塞两国的税收制度情况，通过专业研究机构，出具专业报告。报告内容可涵盖两国税制体系介绍、经贸往来中所涉及的主要税种的比较分析以及企业或个人可能会遇到的税收风险和解决途径等。专业报告一方面可以帮助中塞两国的投资者更方便快捷、详细了解彼此的税收情况，降低税收风险，维护自身合法权益；另一方面能够促进中塞两国的经贸交流，提高资源配置效率，避免税收扭曲现象的发生，有利于维护税收公平，减少税收征管成本。

最后，中塞两国还可通过专业研究机构将比较经典的案例汇编成册，为中塞两国企业提供参考，从而更好更快速地解决税收问题，规避税收风险，维护合法权益，也有利于两国外商投资的发展。

(四) 完善中塞两国税收争议解决机制

由于中塞两国税法之间存在差异，所以两国企业在进行纳税时难免会产生争议，为了有效解决这些争议，除了加强两国在企业所得税征收管理的合作之外，还应当完善中塞两国税收争议的解决机制。

首先,要完善基于税收协定的相互协商程序,争议出现时,两国税务部门可以通过协商,利用双方签订的税收协议来解决争议,这样可以有效减少摩擦冲突。

其次,由于协商并不具强制性,所以某些可能协商无效的争议,在这种情况下,就需要中塞两国推动国际仲裁的实施。

最后,为打消两国基于国家税收主权对税收国际仲裁的顾虑,中塞两国需要不断地进行实践与革新税收仲裁机制,应通过立法明确规定仲裁是相互协商程序的补充程序,即双方基于税收协定启动相互协商程序,在相互协商程序进行过程中,就某些无法达成一致的争议,双方可以启动仲裁程序,提交仲裁,最终出具仲裁协议。

相互协商程序仍然是两国首要的税收争议解决途径。两国需要将仲裁机制纳入税收争议解决机制之中,不断推动这一机制革新,使之成为两国接受的解决问题的方式,并适时修订相关法律,为仲裁机制的引入提供明确且可操作的法律依据,这将为两国对外投资企业解决税收争议开辟一条新的路径。

第三章

中国与塞尔维亚增值税对比分析

一 中国增值税总体分析

(一) 中国增值税总体沿革

1. 中国增值税试点阶段

1979年,在恢复基本税收制度的背景下引进了增值税的概念,开始对开征增值税的可行性进行调研;继而在1980年选择在柳州、长沙、襄樊和上海等城市,对重复征税矛盾较为突出的机器机械和农业机具两个行业试点开征增值税;1981年,试点范围扩大到自行车、电风扇和缝纫机三种产品。这实质上是对产品税的改革。

1982年,财政部制定《增值税暂行办法》并于1983年1月1日开始实行。

1984年,我国在之前的基础上,进一步进行"利改税"。国务院正式颁布《中华人民共和国增值税条例(草案)》,当年9月1日开始实行,由此标志着我国正式确定实行增值税制度。但是此时的增值税的征收范围较窄,主要针对部分货物的生产和进口,形成产品税、营业税、增值税共存的格局。这一阶段的增值税的税率档次过多,征税范围并不包括全部产品和所有环节,只是引进了增值税计税方法,并非真正意义上的增值税。

1987年,增值税税目扩大到30个,计税方法统一为"扣税法"。

1989年,在扣税法基础上逐步统一,实现了"价税分流购进扣税法"。

2. 中国增值税确立阶段

1993年年底,我国正式出台《中华人民共和国增值税暂行条例》

（国务院令第134号）（现行的增值税以此为基础）规定：在中华人民共和国境内销售货物或者提供加工、修理修配劳务以及进口货物的单位和个人，为增值税的纳税义务人，自1994年1月1日起施行。同时废止《中华人民共和国增值税条例（草案）》《中华人民共和国产品税条例（草案）》，形成增值税与营业税共存的格局。《增值税暂行条例》确定了"应纳税额＝当期销项税额－当期进项税额"的基本计算制度，并延续至今。当时，增值税采用的是生产型增值税。

1994年后征收的增值税，与此前试行开征的增值税相比，具有以下几个方面的特点：①实行价外税，即与销售货物相关的增值税额独立于价格之外单独核算，不作为价格的组成部分；②扩大了征收范围，即征收范围除了生产、批发、零售和进口环节外，还扩展到劳务活动中的加工和修理修配；③简化了税率，即重新调整了税率档次，采用基本税率、低税率和零税率；④采用凭发票计算扣税的办法，即采用以票控税的征收管理办法，按照增值税专用发票等抵扣凭证上注明的税款确定进项税额，将其从销项税额中抵扣后计算出应纳税额；⑤对纳税人进行了区分，即按销售额的大小和会计核算的健全与否，将纳税人划分为一般纳税人和小规模纳税人，对小规模纳税人实行简易征收办法。

3. 中国增值税转型阶段

中国逐步推行消费型增值税。

自2004年7月1日起，为了支持东北地区老工业基地的发展、试点增值税由生产型向消费型的转型，出台了《财政部国家税务总局关于印发〈东北地区扩大增值税抵扣范围若干问题的规定〉的通知》（财税〔2004〕156号），对东北地区实行固定资产进项税额一次性全部予以扣除。自2004年7月1日起，东北地区的辽宁省、吉林省、黑龙江省和大连市实行扩大增值税抵扣范围政策的试点；增值税一般纳税人允许抵扣固定资产及相关进项税额，并采用增量抵扣的办法。

自2007年7月1日起，出台了《财政部国家税务总局关于印发〈中部地区扩大增值税抵扣范围暂行办法〉的通知》（财税〔2007〕75号），对中部地区实行固定资产进项税额一次性全部予以扣除。自2007年7月1日起，扩大增值税抵扣范围的改革由东北三省一市扩大到中部地区26

个老工业基地城市。

自 2008 年 7 月 1 日起，出台了《国家税务总局关于印发〈汶川地震受灾严重地区扩大增值税抵扣范围暂行办法〉的通知》（财税号〔2008〕108 号），对汶川地震受灾严重地区实行固定资产进项税额一次性全部予以扣除。自 2008 年 7 月 1 日起，东北老工业基地扩大增值税抵扣范围试点政策适用于内蒙古东部地区；与此同时，增值税转型试点扩大到汶川地震中受灾严重地区，包括极重灾区 10 个县市和重灾区 41 个县区。

经 2008 年 11 月 5 日国务院第 34 次常务会议修订通过，《中华人民共和国增值税暂行条例》（中华人民共和国国务院令第 538 号）自 2009 年 1 月 1 日起施行，标志着我国完成增值税由生产型向消费型的转型。同时，形成了增值税与营业税并存的格局。

2009 年 1 月 1 日，出台了《财政部国家税务总局关于全国实施增值税转型改革若干问题的通知》（财税〔2008〕170 号），在全国范围内实施增值税由生产型向消费型的转型。从政府层面确立了消费型增值税。允许全国范围内的所有增值税一般纳税人抵扣其新购进设备所含进项税额，未抵扣完的进项税额可结转下期继续抵扣。

4. 中国增值税扩围阶段

自 2012 年 1 月 1 日起，我国率先在上海实行交通运输业及部分现代服务业的营业税改征增值税试点改革。随后，北京市、天津市、江苏省、安徽省、浙江省（含宁波市）、福建省（含厦门市）、湖北省、广东省（含深圳市）自 2012 年 9 月 1 日起，先后纳入营业税改征增值税的试点地区。自此开始，通过扩大试点范围、扩大行业范围等步骤，我国在税制改革上又走入营业税改征增值税的道路。营改增的推进路线主要是先选择行业和地区试点，再扩大试点地区，再扩大行业范围，从而一步步推进。因此，营改增的实施过程比较复杂，对于实施期间的税收政策的掌握比较麻烦。

2014 年 6 月 1 日，营改增试点覆盖到全国"3+7"个行业。以财税〔2016〕36 号文为标志，我国将最后的建筑业、房地产业、金融业和生活服务业四大行业的营改增于 2016 年 5 月 1 日起全面推开，营业税虽然由于追征期等原因尚未彻底取消，但是新发生业务中已经退出征税。我国经历了产品税、营业税、增值税三税并存到增值税实现大一统的过程，有"三税归增"的内涵。

5. 中国增值税现状

2017年11月19日，我国废止了营业税的暂行条例，第二次修订了增值税的暂行条例，并于公布日实行。

2018年4月4日，我国对现行增值税税率进行下调，具体如下：

纳税人发生增值税应税销售行为或者进口货物，原适用17%和11%税率的，税率分别调整为16%、10%；

纳税人购进农产品，原适用11%扣除率的，扣除率调整为10%；

纳税人购进用于生产销售或委托加工16%税率货物的农产品，按照12%的扣除率计算进项税额；

原适用17%税率且出口退税率为17%的出口货物，出口退税率调整至16%；原适用11%税率且出口退税率为11%的出口货物、跨境应税行为，出口退税率调整至10%。

（二）中国现行增值税

1. 《中华人民共和国增值税暂行条例》

根据2017年11月19日《国务院关于废止〈中华人民共和国营业税暂行条例〉和修改〈中华人民共和国增值税暂行条例〉的决定》第二次修订。

（1）在中华人民共和国境内销售货物或者加工、修理修配劳务（以下简称劳务），销售服务、无形资产、不动产以及进口货物的单位和个人，为增值税的纳税人，应当依照本条例缴纳增值税。

（2）增值税税率

①纳税人销售货物、劳务、有形动产租赁服务或者进口货物，除本条第二项、第四项、第五项另有规定外，税率为17%。

②纳税人销售交通运输、邮政、基础电信、建筑、不动产租赁服务，销售不动产，转让土地使用权，销售或者进口下列货物，税率为11%：

粮食等农产品、食用植物油、食用盐；自来水、暖气、冷气、热水、煤气、石油液化气、天然气、二甲醚、沼气、居民用煤炭制品；图书、报纸、杂志、音像制品、电子出版物；饲料、化肥、农药、农机、农膜；国务院规定的其他货物。

③纳税人销售服务、无形资产，除本条第一项、第二项、第五项另有规定外，税率为6%。

④纳税人出口货物，税率为零；但是，国务院另有规定的除外。

⑤境内单位和个人跨境销售国务院规定范围内的服务、无形资产，税率为零。

税率的调整，由国务院决定。

（3）纳税人兼营不同税率的项目，应当分别核算不同税率项目的销售额；未分别核算销售额的，从高适用税率。

（4）除本条例第十一条规定外，纳税人销售货物、劳务、服务、无形资产、不动产（以下统称应税销售行为），应纳税额为当期销项税额抵扣当期进项税额后的余额。应纳税额计算公式：

应纳税额 = 当期销项税额 - 当期进项税额

当期销项税额小于当期进项税额不足抵扣时，其不足部分可以结转下期继续抵扣。

（5）纳税人发生应税销售行为，按照销售额和本条例第二条规定的税率计算收取的增值税额，为销项税额。销项税额计算公式：

销项税额 = 销售额 × 税率

（6）销售额为纳税人发生应税销售行为收取的全部价款和价外费用，但是不包括收取的销项税额。

销售额以人民币计算。纳税人以人民币以外的货币结算销售额的，应当折合成人民币计算。

（7）纳税人发生应税销售行为的价格明显偏低并无正当理由的，由主管税务机关核定其销售额。

（8）纳税人购进货物、劳务、服务、无形资产、不动产支付或者负担的增值税额，为进项税额。

下列进项税额准予从销项税额中抵扣：

①从销售方取得的增值税专用发票上注明的增值税额。

②从海关取得的海关进口增值税专用缴款书上注明的增值税额。

③购进农产品，除取得增值税专用发票或者海关进口增值税专用缴

款书外，按照农产品收购发票或者销售发票上注明的农产品买价和11%的扣除率计算的进项税额，国务院另有规定的除外。进项税额计算公式：

进项税额＝买价×扣除率

④自境外单位或者个人购进劳务、服务、无形资产或者境内的不动产，从税务机关或者扣缴义务人取得的代扣代缴税款的完税凭证上注明的增值税额。

准予抵扣的项目和扣除率的调整，由国务院决定。

（9）纳税人购进货物、劳务、服务、无形资产、不动产，取得的增值税扣税凭证不符合法律、行政法规或者国务院税务主管部门有关规定的，其进项税额不得从销项税额中抵扣。

（10）下列项目的进项税额不得从销项税额中抵扣：

①用于简易计税方法计税项目、免征增值税项目、集体福利或者个人消费的购进货物、劳务、服务、无形资产和不动产；

②非正常损失的购进货物，以及相关的劳务和交通运输服务；

③非正常损失的在产品、产成品所耗用的购进货物（不包括固定资产）、劳务和交通运输服务；

④国务院规定的其他项目。

（11）小规模纳税人发生应税销售行为，实行按照销售额和征收率计算应纳税额的简易办法，并不得抵扣进项税额。应纳税额计算公式：

应纳税额＝销售额×征收率

小规模纳税人的标准由国务院财政、税务主管部门规定。

（12）小规模纳税人增值税征收率为3%，国务院另有规定的除外。

（13）小规模纳税人以外的纳税人应当向主管税务机关办理登记。具体登记办法由国务院税务主管部门制定。

小规模纳税人会计核算健全，能够提供准确税务资料的，可以向主管税务机关办理登记，不作为小规模纳税人，依照本条例有关规定计算应纳税额。

（14）纳税人进口货物，按照组成计税价格和本条例第二条规定的税率计算应纳税额。组成计税价格和应纳税额计算公式：

组成计税价格＝关税完税价格＋关税＋消费税

应纳税额＝组成计税价格×税率

（15）下列项目免征增值税：

农业生产者销售的自产农产品；避孕药品和用具；古旧图书；直接用于科学研究、科学试验和教学的进口仪器、设备；外国政府、国际组织无偿援助的进口物资和设备；由残疾人的组织直接进口供残疾人专用的物品；销售的自己使用过的物品。

除前款规定外，增值税的免税、减税项目由国务院规定。任何地区、部门均不得规定免税、减税项目。

（16）纳税人兼营免税、减税项目的，应当分别核算免税、减税项目的销售额；未分别核算销售额的，不得免税、减税。

（17）纳税人销售额未达到国务院财政、税务主管部门规定的增值税起征点的，免征增值税；达到起征点的，依照本条例规定全额计算缴纳增值税。

（18）中华人民共和国境外的单位或者个人在境内销售劳务，在境内未设有经营机构的，以其境内代理人为扣缴义务人；在境内没有代理人的，以购买方为扣缴义务人。

（19）增值税纳税义务发生时间：

①发生应税销售行为，为收讫销售款项或者取得索取销售款项凭据的当天；先开具发票的，为开具发票的当天；

②进口货物，为报关进口的当天。

增值税扣缴义务发生时间为纳税人增值税纳税义务发生的当天。

（20）增值税由税务机关征收，进口货物的增值税由海关代征。

个人携带或者邮寄进境自用物品的增值税，连同关税一并计征。具体办法由国务院关税税则委员会会同有关部门制定。

（21）纳税人发生应税销售行为，应当向索取增值税专用发票的购买方开具增值税专用发票，并在增值税专用发票上分别注明销售额和销项税额。

属于下列情形之一的，不得开具增值税专用发票：

①应税销售行为的购买方为消费者个人的；

②发生应税销售行为适用免税规定的。

(22) 增值税纳税地点：

①固定业户应当向其机构所在地的主管税务机关申报纳税。总机构和分支机构不在同一县（市）的，应当分别向各自所在地的主管税务机关申报纳税；经国务院财政、税务主管部门或者其授权的财政、税务机关批准，可以由总机构汇总向总机构所在地的主管税务机关申报纳税。

②固定业户到外县（市）销售货物或者劳务，应当向其机构所在地的主管税务机关报告外出经营事项，并向其机构所在地的主管税务机关申报纳税；未报告的，应当向销售地或者劳务发生地的主管税务机关申报纳税；未向销售地或者劳务发生地的主管税务机关申报纳税的，由其机构所在地的主管税务机关补征税款。

③非固定业户销售货物或者劳务，应当向销售地或者劳务发生地的主管税务机关申报纳税；未向销售地或者劳务发生地的主管税务机关申报纳税的，由其机构所在地或者居住地的主管税务机关补征税款。

④进口货物，应当向报关地海关申报纳税。

扣缴义务人应当向其机构所在地或者居住地的主管税务机关申报缴纳其扣缴的税款。

(23) 增值税的纳税期限分别为 1 日、3 日、5 日、10 日、15 日、1 个月或者 1 个季度。纳税人的具体纳税期限，由主管税务机关根据纳税人应纳税额的大小分别核定；不能按照固定期限纳税的，可以按次纳税。

纳税人以 1 个月或者 1 个季度为 1 个纳税期的，自期满之日起 15 日内申报纳税；以 1 日、3 日、5 日、10 日或者 15 日为 1 个纳税期的，自期满之日起 5 日内预缴税款，于次月 1 日起 15 日内申报纳税并结清上月应纳税款。

扣缴义务人解缴税款的期限，依照前两款规定执行。

(24) 纳税人进口货物，应当自海关填发海关进口增值税专用缴款书之日起 15 日内缴纳税款。

(25) 纳税人出口货物适用退（免）税规定的，应当向海关办理出口手续，凭出口报关单等有关凭证，在规定的出口退（免）税申报期内按月向主管税务机关申报办理该项出口货物的退（免）税；境内单位和个人跨境销售服务和无形资产适用退（免）税规定的，应当按期向主管税务机关申报办理退（免）税。具体办法由国务院财政、税务主管部门制定。

出口货物办理退税后发生退货或者退关的，纳税人应当依法补缴已退的税款。

（26）增值税的征收管理，依照《中华人民共和国税收征收管理法》及本条例有关规定执行。

（27）纳税人缴纳增值税的有关事项，国务院或者国务院财政、税务主管部门经国务院同意另有规定的，依照其规定。

（28）本条例自 2009 年 1 月 1 日起施行。

2. 增值税税率调整

各省、自治区、直辖市、计划单列市财政厅（局）、国家税务局、地方税务局，新疆生产建设兵团财政局，为完善增值税制度，现将调整增值税税率有关政策通知如下：

纳税人发生增值税应税销售行为或者进口货物，原适用 17% 和 11% 税率的，税率分别调整为 16%、10%。

纳税人购进农产品，原适用 11% 扣除率的，扣除率调整为 10%。

纳税人购进用于生产销售或委托加工 16% 税率货物的农产品，按照 12% 的扣除率计算进项税额。

原适用 17% 税率且出口退税率为 17% 的出口货物，出口退税率调整至 16%；原适用 11% 税率且出口退税率为 11% 的出口货物、跨境应税行为，出口退税率调整至 10%。

外贸企业 2018 年 7 月 31 日前出口的货物、销售的应税行为，购进时已按调整前税率征收增值税的，执行调整前的出口退税率；购进时已按调整后税率征收增值税的，执行调整后的出口退税率。生产企业 2018 年 7 月 31 日前出口的货物、销售的应税行为，执行调整前的出口退税率。

调整出口货物退税率的执行时间及出口货物的时间，以出口货物报关单上注明的出口日期为准，调整跨境应税行为退税率的执行时间及销售跨境应税行为的时间，以出口发票的开具日期为准。

本通知自 2018 年 5 月 1 日起执行。此前有关规定与本通知规定的增值税税率、扣除率、出口退税率不一致的，以本通知为准。

二 塞尔维亚增值税总体分析

（一）塞尔维亚增值税总体沿革

1. 塞尔维亚于 2005 年 1 月 1 日开始适用增值税。增值税法遵从欧盟指令 2006/112 原则。

2. 2013 年 12 月 6 日，塞尔维亚议会通过法案，对增值税税率进行了调整。从 2014 年 1 月 1 日起，增值税优惠税率从原来的 8% 提高到 10%；个人电脑及其配件的税率从原来的 8% 改为按标准税率征税。

（二）塞尔维亚现行增值税

1. 概述

（1）纳税义务人及扣缴义务人

塞尔维亚于 2005 年 1 月 1 日开始适用增值税。增值税法遵从欧盟指令 2006/112 原则。

增值税的纳税人为在塞尔维亚境内独立从事生产经营活动过程中提供货物（货物供应）及劳务服务（劳务供应），或进口货物的法律实体和个人。

（2）征收范围

货物供应，根据塞尔维亚增值税法，是指转让有形财产的所有权的处置权利。水、电、气体和热能被认为是货物。

货物供应，具体包括以下内容：

向国家、省（州）、地方机关有偿转让有形财产的处置权；交付分期付款的货物，货物所有权在最后一期款项支付后转移；交付租赁合同下的货物；交付佣金合同下的货物；交付委托合同下的货物；转让工程建筑物或经济上可拆分的建筑物单元的处置权；转让工程建筑物或经济上可拆分的建筑物单元的份额；货物或劳务的货物交换；交付由供应商提供原材料并完成生产或组装的货物，如供应商提供原材料为非辅助性材料。

视同货物供应的情况：①为纳税人股东或员工或其他个人免费提供

的构成纳税人商业活动资产的自用货物,且该货物的上一环节的增值税可以被全部或部分抵扣,不考虑抵扣是否已经实现;②货物和原材料的浪费、损耗以及亏损超出法定的部分。

劳务供应,符合下列条件的劳务服务,属于增值税应税范畴:

转让、分配和授权专利、许可证、商标和知识产权等;为国家或地方以及地方自治政府提供的有偿服务;交付由客户提供原材料,由供应商生产或组装的货物;货物或劳务的劳务交换;提供现场消费的饮料及食物;股份和权利的分配。

视同劳务供应的情况:①纳税人股东或员工或其他个人使用的构成纳税人商业活动资产的自用货物,以及用于纳税人非经营活动的货物,且该货物的上一环节的增值税可以被全部或部分抵扣,不考虑抵扣是否已经实现;②货物和原材料的浪费、损耗以及亏损超出法定的部分。

为纳税人股东或员工或其他个人免费提供的服务,以及为纳税人非经营活动免费提供的服务。

进口货物,塞尔维亚增值税法规定,货物进口指向塞尔维亚关境内进口货物。

(3) 税率

目前塞尔维亚增值税的标准税率为20%,优惠税率为10%。部分项目可免税或享受零税率。

下述供应货物和进口货物适用10%的税率:

基本食品(牛奶、面包、糖、蜂蜜、脂肪、大豆及橄榄油,可食用动植物油等);新鲜及冷冻的果蔬和肉类、蛋类;动物和人类使用的药物;矫正和假肢工具,包括外科手术植入人体的医疗器械;医疗透析设备;肥料、杀虫剂、种子饲料等;教科书和教学用具;每日新闻报纸;书籍、专题和连续出版物;木柴;酒店、旅馆、招待所、休闲中心、露营的住宿服务;公共服务设施;天然气;供暖设备。

2. 税收优惠

塞尔维亚有12个自由贸易区,在自由贸易区内的项目免除增值税。

对外国投资项下的设备、固定资产、科研设备、建材、卫生和环保设备及塞尔维亚不能生产的物资等全免进口关税。

对商品出口及服务出口,免征增值税。

3. 应纳税额

(1) 销售额/营业额的确认

根据塞尔维亚增值税法第 17 章,提供货物或劳务的应税金额为供应商从接收方或第三方取得或将要取得的对价,包括任何直接或间接同货物或服务的价格相关的补贴,以及消费税、关税和其他进口税负,不包括增值税。应税金额也包括供应商收取的所有附带发生的费用(佣金、包装费、运输费和保险等)。

应税金额不包括:向接收方提供货物或服务时给予的折扣;纳税人以他人名义或为他人代为收取的款项金额。

根据塞尔维亚增值税法第 19 章,进口货物的应税金额为完税价格,包括消费税、关税,其他进口税负及公共支出,不包括增值税,以及直至运输至塞尔维亚境内所发生的辅助性成本费用。

(2) 应纳税额的计算

当期应纳税额 = 当期销项税额 − 当期进项税额

4. 其他

(1) 纳税地点

①货物提供的纳税地点

根据塞尔维亚增值税法第 11 章,下列情况视同货物提供:

需运输的货物,行为发生地为货物起运地;需供应商组装或安装的货物,行为发生地为货物组装或安装地;无须运输的货物,行为发生地为货物供应时货物所在地。

货物供应在塞尔维亚境内,但供应商为外国实体(例如,未在塞尔维亚构成常设机构或无经营分支的法人),该实体有义务指定税务代理。如果未指定,将适用反向收费机制。

②劳务提供的纳税地点

根据塞尔维亚增值税法第 12 章,通常情况,劳务发生地为提供劳务方的机构所在地。如果纳税人是通过分支单位(例如酒店)提供劳务,则劳务发生地为提供劳务所在地。以下为劳务发生地的特殊情况:

不动产所在地(与不动产相关的服务);服务实际发生地(文化、艺术、教育、科学或体育,以及运输或辅助性服务等领域);运输服务发生地；服务接收方接收服务所在地。

劳务供应在塞尔维亚境内，但供应商为外国实体（例如，未在塞尔维亚构成常设机构或无经营分支的法人），该实体有义务指定税务代理。如果未指定，将适用反向收费机制。

③进口货物的纳税地点

根据塞尔维亚增值税法第13章，进口货物发生地被认为是货物进入塞尔维亚关境的地点。

货物进口至塞尔维亚境内，但进口商为外国实体，则其被认为是税收债务人。

（2）纳税时间

根据塞尔维亚增值税法第14章，货物供应的纳税时间：

向客户或第三方运送货物时；接收人从供应商提取经组装或安装的货物时；如果货物无须运输情况下，货物所有权转移至服务接收方时。

根据塞尔维亚增值税法第15章，服务供应的纳税时间为服务提供完成时，或者持续提供服务，或在特定时间段内，协商期间的结尾。若为特定服务开具定期发票，这些服务则被认为是整个服务期间的最后一天提供。

根据塞尔维亚增值税法第15章，货物进口发生时间为货物实际进入塞尔维亚关境内的时间。

根据塞尔维亚增值税法第16章第一款，增值税纳税义务产生（即反映在增值税纳税申报表的时间）以下列时间孰早为准：

提供货物或劳务时；收到款项时，如收到部分或全部预付款；进口货物的关税义务发生时。

（3）增值税的免征

根据塞尔维亚增值税法，增值税减免包括增值税零税率征收及增值税免税。两者的区别是，增值税零税率可以抵扣进项税额，增值税免税不可以抵扣进项税额。

（4）进项税额抵扣

根据塞尔维亚增值税法第27章，进项税额是采购货物、服务以及进口货物时在上一环节计算或缴纳的增值税，纳税人可以用以抵扣增值税销项税额。

根据塞尔维亚增值税法第 28 章，纳税人有权利抵扣从塞尔维亚境内购买或进口的货物的进项税额，包括为经营活动采购的设备和建筑物，或为提供以下商品和服务所接受的服务：

应缴增值税的货物和服务的供应；适用增值税零税率的货物和服务的供应；境外提供的货物和服务，如果在塞尔维亚境内提供该服务或货物，则有权抵扣进项税。

如果纳税人取得下列资料，则其有权抵扣进项税额：

作为增值税纳税人的供应商向纳税人开具的增值税发票；进口商品文件，列明了进项税额以及证明进口货物环节已缴纳了增值税。

纳税期间内，满足上述条件，纳税人可以利用以下项目的进项税额作抵扣：

计算和规定的增值税应税义务已被履行或将由其他从事销售的纳税人履行；进口货物时已支付的增值税。

进项税额抵扣的权利在满足上述所有条件时生效，且自获得该权利的次年起 5 年内有效。

根据塞尔维亚增值税法第 29 章，在下列情况下，纳税人无权进行进项税额抵扣：

采购、生产和进口客用汽车、摩托车、游轮、船只和飞机，存放它们的货物、零件、燃料和消耗品产生的存储费，以及租赁费、维护费、修理费和其他关于使用这些交通工具的服务费用。但当纳税人用这些交通工具和其他规定的货物以出售或租赁，提供运输服务或驾驶培训为目的，则可抵扣进项税额；纳税人的业务招待费；购买或进口地毯、电子家用电器、电视、无线接收器、艺术品、工艺品和其他用于办公家具装饰的费用。

纳税期间内，可抵扣的进项税额超过销项税额时，超过的进项税额将于 45 天内被退还，对于以出口货物或服务为主的纳税人，进项税额自纳税申报表截止日 15 天内退还。但纳税人仍可通过纳税申报，选择将超过部分的进项税额结转至下一个纳税期间利用。

三 中国与塞尔维亚增值税的对比分析

(一) 增值税发展进程的对比分析

表 3—1　　　　　　　　　　增值税发展进程对比

国家	发展进程	相同点	不同点
中国	1984年9月1日开始实行《中华人民共和国增值税条例（草案）》	无	中国的增值税法案是自己制定的，而塞尔维亚的增值税法案是参照欧盟的准则
塞尔维亚	2005年1月1日开始适用增值税 增值税法遵从欧盟指令2006/112原则		

(二) 纳税人的对比分析

表 3—2　　　　　　　　　　纳税人对比

国家	纳税义务人和扣缴义务人	相同点	不同点
中国	纳税义务人：在中国境内销售货物、劳务、服务、无形资产、不动产的单位和个人 扣缴义务人：中华人民共和国境外的单位和个人在境内销售劳务，在境内未设有经营机构的，以其境内代理人为扣缴义务人；在境内没有代理人的，以购买方为扣缴义务人	中国和塞尔维亚的纳税义务人是相同的；中国和塞尔维亚均有代缴人的相关规定	中国增值税法中特别规定的扣缴义务人，而塞尔维亚增值税法中只规定了境内的纳税义务人；中国将纳税人分为一般纳税人和小规模纳税人，而塞尔维亚只有一种纳税人
塞尔维亚	纳税义务人：在塞尔维亚境内独立从事生产经营活动过程中提供货物（货物供应）及劳务服务（劳务供应），或进口货物的法律实体和个人		

（三）征税范围的对比分析

表3—3　　　　　　　　　征税范围对比

国家	征税范围	相同点	不同点
中国	一般规定：销售或进口的货物（有形动产）、销售劳务、销售服务、销售无形资产、销售不动产 特殊规定：特殊项目、视同发生应税销售行为、混合销售行为	货物和劳务的供应以及进口货物均列入了征税范围； 均有视同销售和视同劳务供应行为的规定	中国增值税销售劳务只限于提供加工、修理，而塞尔维亚的劳务范围多于中国，且包含部分中国划分为服务的行为；
塞尔维亚	货物供应、劳务供应、进口货物		中国纳税的服务种类繁多，塞尔维亚对此并不进行征税； 塞尔维亚对股份和权利的分配征税，中国并不进行征税

（四）税率的对比分析

表3—4　　　　　　　　　税率对比

国家	税率、征收率及适用范围	相同点	不同点
中国	税率：16%：纳税人销售或者进口货物、劳务；有形动产租赁服务 10%：销售交通运输、建筑、基础电信服务等行业及农产品等货物 6%：增值电信服务、金融服务、提供现代服务（租赁除外）、生活服务、销售无形资产（转让土地使用权除外） 零税率：纳税人出口货物 免税	中国与塞尔维亚在增值税征收上均有零税率和免税政策； 中国和塞尔维亚均有优惠税率	中国的增值税税率种类多于塞尔维亚，并且对不同税率的适用范围有明确规定，塞尔维亚并没有明确规定； 中国不仅有税率，还有征收率，而塞尔维亚只有税率

续表

国家	税率、征收率及适用范围	相同点	不同点
塞尔维亚	征收率：5%：自2016年5月1日起，销售、出租其2016年4月30日前取得的不动产、土地使用权，房企销售的老项目，选择适用简易计税方法的不动产经营租赁；小规模纳税人销售、出租其2016年5月1日后取得的不动产 3%：小规模纳税人缴纳增值税；一般纳税人采用简易办法缴纳增值税（列举货物、应税服务） 20%、零税率、免税 10%：农产品、生活必需品和儿童用品	中国与塞尔维亚在增值税征收上均有零税率和免税政策；中国和塞尔维亚均有优惠税率。	中国的增值税税率种类多于塞尔维亚，并且对不同税率的适用范围有明确规定，塞尔维亚并没有明确规定；中国不仅有税率，还有征收率，而塞尔维亚只有税率

（五）税收优惠政策的对比分析

表3—5　　　　　　　　税收优惠政策对比

国家	优惠政策	相同点	不同点
中国	特殊项目：免征增值税； 增值税即征即退：对其增值税实际税负超过3%的部分实行增值税即征即退政策； 扣减增值税规定：3年内按每户每年8000元为限额依次扣减其当年实际应缴纳的增值税、城市维护建设税、教育费附加、地方教育附加和个人所得税； 金融企业贷款业务：发放贷款后，自结息日起90天内发生的应收未收利息按现行规定缴纳增值税，自结息日起90天后发生的应收未收利息暂不缴纳增值税，待实际收到利息时按规定缴纳增值税； 个人出售住房：按5%缴纳增值税； 减征：3%征收率减按2%征收——纳税人（除其他个人外）销售自己使用过的、未抵扣增值税的固定资产；5%征收率减按1.5%征收——个人出租住房； 出口：退（免）税政策、免税政策、征税政策	中国和塞尔维亚均有增值税税收优惠的相关政策；中国和塞尔维亚对于出口项目均实行免税政策；中国和塞尔维亚均有降低税率的优惠政策	中国适用于优惠政策的增值税税率种类多于塞尔维亚；中国的优惠政策不仅是降低税率，还有扣减、减征、暂不征收等相关政策，而塞尔维亚不具有此类型的税收优惠政策；塞尔维亚有自由贸易区免除增值税，而中国没有

续表

国家	优惠政策	相同点	不同点
塞尔维亚	特殊地区：塞尔维亚有12个自由贸易区，在自由贸易区内的项目免除增值税； 农产品、生活必需品和儿童用品：以10%税率征收； 全免进口关税：对外国投资项下的设备、固定资产、科研设备、建材、卫生和环保设备及塞尔维亚不能生产的物资等； 出口：对商品出口及服务出口，免征增值税	中国和塞尔维亚均有增值税税收优惠的相关政策；中国和塞尔维亚对于出口项目均实行免税政策；中国和塞尔维亚均有降低税率的优惠政策	中国适用于优惠政策的增值税税率种类多于塞尔维亚； 中国的优惠政策不仅是降低税率，还有扣减、减征、暂不征收等相关政策，而塞尔维亚不具有此类型的税收优惠政策； 塞尔维亚有自由贸易区免除增值税，而中国没有

（六）应纳税额计算方法的对比分析

表3—6　　　　　　　　应纳税额计算方法对比

国家	计算方法	相同点	不同点
中国	一般计税方法：当期应纳税额 = 当期销项税额 − 当期进项税额 简易计税方法：应纳税额 = 含税销售额 ÷ （1 + 征收率）× 征收率	中国与塞尔维亚均属于消费型增值税，增值税计税方法均有"当期销项税额—当期进项税额"	中国计税方法分为一般计税方法和简易计税方法，而塞尔维亚只有一种计税方法
塞尔维亚	当期应纳税额 = 当期销项税额 − 当期进项税额		

（七）纳税地点的对比分析

表 3—7　　　　　　　　　　纳税地点对比

国家	纳税地点	相同点	不同点
中国	固定业户机构所在地： 总机构和分支机构不在同一县（市）： ①经财政部和国家税务总局批准，可以由总机构汇总向总机构所在地的主管税务机关申报纳税 ②其他：分别向各自所在地主管税务机关申报纳税 固定业户到外县（市）销售货物或者劳务，应当向其机构所在地的主管税务机关报告外出经营事项，并向其机构所在地的主管税务机关申报纳税；未报告的，应当向销售地或者劳务发生地的主管税务机关申报纳税；均未申报纳税的，由其机构所在地的主管税务机关补征税款 非固定业户：销售地纳税；未在销售地纳税的，要在机构所在地或居住地补交	中国与塞尔维亚增值税纳税地点均以行为发生地、机构所在地为纳税地点	中国增值税纳税地点以是否为固定业户进行分类，塞尔维亚的增值税纳税地是以应纳税行为进行分类； 中国增值税的纳税地点以机构所在地优先，塞尔维亚增值税的纳税地点以行为发生地优先

续表

国家	纳税地点	相同点	不同点
塞尔维亚	货物提供纳税地点：需运输的货物，行为发生地为货物起运地；需供应商组装或安装的货物，行为发生地为货物组装或安装地；无须运输的货物，行为发生地为货物供应时货物所在地货物供应在塞尔维亚境内，但供应商为外国实体（例如，未在塞尔维亚构成常设机构或无经营分支的法人），该实体有义务指定税务代理。如果未指定，将适用反向收费机制 劳务提供纳税地点：通常情况，劳务发生地为提供劳务方的机构所在地。如果纳税人是通过分支单位（例如酒店）提供劳务，则劳务发生地为提供劳务所在地。劳务供应在塞尔维亚境内，但供应商为外国实体（例如，未在塞尔维亚构成常设机构或无经营分支的法人），该实体有义务指定税务代理。如果未指定，将适用反向收费机制 进口货物纳税地点：进口货物发生地被认为是货物进入塞尔维亚关境的地点。货物进口至塞尔维亚境内，但进口商为外国实体，则其被认为是税收债务人	中国与塞尔维亚增值税纳税地点均以行为发生地、机构所在地为纳税地点	中国增值税纳税地点以是否为固定业户进行分类，塞尔维亚的增值税纳税地是以应纳税行为进行分类；中国增值税的纳税地点以机构所在地优先，塞尔维亚增值税的纳税地点以行为发生地优先

(八) 纳税时间的对比分析

表 3—8　　　　　　　　　　纳税时间对比

国家	纳税时间	相同点	不同点
中国	纳税人发生应税销售行为，其纳税义务发生时间为收讫销售款项或者取得索取销售款项凭据的当天；先开具发票的，为开具发票的当天	无	塞尔维亚的纳税时间是以增值税应税行为进行划分，中国并未进行明确划分；塞尔维亚纳税时间多以行为完成为准，中国的纳税时间与发票开具时间相关
塞尔维亚	货物供应：向客户或第三方运送货物时；接收人从供应商提取经组装或安装的货物时；如果货物无须运输情况下，货物所有权转移至服务接收方时服务供应：服务提供完成时，或者持续提供服务，或在特定时间段内，协商期间的结尾。若为特定服务开具定期发票，这些服务则被认为是整个服务期间的最后一天提供货物进口：发生时间为货物实际进入塞尔维亚关境内的时间增值税纳税义务产生（即反映在增值税纳税申报表的时间）以下列时间孰早为准：提供货物或劳务时；收到款项时，如收到部分或全部预付款；进口货物的关税义务发生时		

四　中国与塞尔维亚增值税差异协同研究

(一) 塞尔维亚的税收展望

1. 明确纳税范围及税率

塞尔维亚的增值税税率除免税和零税率外只有 20%，优惠税率也仅有10%，相对于我国来说，塞尔维亚的增值税税率还是相对单一的，这与塞尔维亚增值税施行时间较晚也有很大关系。笔者认为，塞尔维亚应该丰富增值税的税率，视不同行业的发展状况设定不同的税率以应对行业间的差异。塞尔维亚现今增值税追收范围较为模糊，以大类区分，并不利于增值税的征收，因此明确税收范围有助于塞尔维亚政府对应税产品、劳务进行征税，避免偷税漏税行为发生。塞尔维亚应基于本国的发展现状，结合自身国情，制定更为符合的税收制度，毕竟欧盟的准则并不能完全适用。

2. 丰富计税方法

通过上述对比可以看出中国和塞尔维亚计税方法的差异主要是中国较塞尔维亚多了一个简易计税方法。在中国一般纳税人发生财政部和国家税务总局规定的特定应税行为，可以选择适用简易计税方法计税。简易计税的方法不仅可以减少纳税人的税负，还可以减少企业偷税漏税的风险，从很大程度上促进了税收的良性发展。塞尔维亚虽然有免税地区，但其20%的税率仍处于较高水平，高税率为居民的生活消费带来了很大的经济负担，也会有很多企业为了扩大盈利选择违法方法减少税务支出，带来经营风险。塞尔维亚作为欧洲国家，虽然增值税发展时间不长，但是也可以向中国借鉴，采用简易计税与一般计税并存的计税方法。

塞尔维亚可以对小规模的企业实行简易计税方法，由于塞尔维亚的发展现状，不可能向我国一样将税率降低，但是可以选择与其现行税率呈现明显差异的税率，促进小型企业的产生，从而为整体税收的提高、经济的发展提供助力。

3. 增加税收优惠政策

塞尔维亚作为一个以服务业为主的国家，其基础设施建设、行业专有技术等方面都有待提高与丰富。在国内税率较高的大环境下，塞尔维亚可以对国内亟待发展的行业制定特有的税收优惠政策，减少企业的税负，这种优惠政策不仅会促进国内企业对国家发展的参与度，也会提高居民参与的热情，促进行业的快速发展。

(二) 中国与塞尔维亚协同发展

1. 相互公开税收政策

随着匈塞铁路、科斯托拉茨电站的建设及斯梅德雷沃钢厂的收购，中国与塞尔维亚的交往也将向深层次发展。但是中国企业对塞尔维亚的税收政策并没有详尽的了解，笔者认为，为了中国企业更好地了解塞尔维亚的增值税税收政策以便投资，塞尔维亚应向中国公开详细的增值税法，并设立专门的网页便于企业了解塞尔维亚的税收制度变化，并对在塞尔维亚投资的中国企业进行纳税指导和监督。税收政策的公开以及相关的咨询、指导服务可以提高中国企业在塞尔维亚投资的积极性，减少税收工作量，促进投资的健康发展。

2. 明确应纳税额核算方法

此前，中国与塞尔维亚的经济合作主要体现在中方承建塞方基础设施建设方面，随着中塞关系的发展，中方在塞尔维亚投资形式也将更加多元化，如跨国并购、提供融资等。随着经济交流日益加深，增值税纳税会成为中国企业在塞尔维亚的重要环节。但塞尔维亚仍处在转型中，塞尔维亚国内相关法律及制度仍不健全，许多标准也不及欧盟标准严格与清晰。且其社会福利捐税比重较大，外资纳税抵免等手续较为繁杂。地方政府征税或减免优惠与中央政府征税或减免优惠在某些项目上有所不同，如土地的有偿使用或无偿使用等。

由于以上种种因素，为了促进中国企业在塞尔维亚的投资，简化投资中的纳税过程，中国应联合塞尔维亚政府，对在塞尔维亚进行投资的企业的增值税应纳税额相关计算作出明确的解释，这样不仅可以避免纳税问题，也可以在很大程度上简化投资企业的纳税过程，促进中塞经济交流。

3. 为"一带一路"制定优惠政策

自中方提出中国—中东欧国家合作框架及"一带一路"倡议以来，塞方始终是"合作框架"和"倡议"的积极响应者与参与者。中塞两国历来友好，同时塞是中东欧地区第一个同中国建立战略伙伴关系的国家。

塞尔维亚和中国可以就增值税纳税制定特有的优惠政策，对有贸易往来或投资的企业实行税收优惠，这种方法可以在很大程度上加快塞尔维亚经济发展速度，也可促进中塞两国经济的深入交流。当然相关的监管部门也应加大监管力度，核实贸易往来和投资的真实性，促进经济的健康发展。

第 四 章

中国与塞尔维亚关税对比分析

一 中国关税总体分析

(一) 中国关税的总体沿革

史书上"关市之征"的记载表明了中国关税最早起源于西周时期，这一时期关税的意义并不等同于如今不断完善的关税。随着秦统一天下以及汉唐的贸易活动，关税为各朝的财政收入作出了贡献，这段时期关税的名称也在不断变更。经历鸦片战争后，中国关税大权被迫落入外国之手，进而引进了近代关税概念和关税制度。直到新中国成立后，中国才获得了关税自主权，开始实行独立自主的关税政策。

1. 新中国成立初到改革开放初的简要回顾

新中国成立初，中国开始逐渐恢复民族工商业的发展，在这期间由于西方国家对中国实行孤立政策等原因，中国关税工作较为简单。1951年，中国制定了新中国第一部《中华人民共和国海关进出口税则》（以下简称《进出口税则》）和《中华人民共和国海关进出口税则暂行实施条例》（以下简称《关税条例》）。中国的关税政策以必须保护国家生产、必须保护国内生产品与国外商品的竞争为主。第一部《进出口税则》实行两种税率：普通税率和最低税率，并将所有商品分成五类，分别是必需品、需用品、非必需品、奢侈品及保护品。此时，中国的关税算术平均税率为52.9%。到改革开放初期，中国对《进出口税则》进行过小范围的修改和调整，关税总水平基本维持较高水平保持不变。这段时期关税的主要职能是保护本国的工业化，经济调控职能和财政筹资职能十分有限。

2. 改革开放时期和社会主义市场经济时期

改革开放政策实行后，对外贸易往来急剧增多，新经济政策的实行也使得关税的地位不断提高。关税相关事务的增加更加推进了关税的不断变化。1985 年，中国颁布了第二部《进出口税则》和《关税条例》，相比于第一部税则，最大特点是大幅调整了进口税率和税级结构。这段时期，由于实际情况的种种变化，税率也呈现出小范围的调整。1991 年的关税算数平均税率为 47.2%。中国关税的财政职能得到了较好的发挥。

随着对外贸易政策的不断展开，中国在 1992 年颁布了第三部《进出口税则》，同时还在《关税条例》中增加了"特别关税"条款。1992 年的关税算术平均税率为 43.2%。从 1992 年到 2001 年，在第三部关税税则的基础上，中国进行了大幅度的自主降税，1998 年的关税总水平为 17%，1999 年降至 16.7%，2000 年降至 16.4%，2001 年的关税总水平为 15.3%。

（二）现行关税

现今，关税主要是作为执行国家经济政策的一种重要手段，用以调节和促进本国的经济和发展。中国的现行关税是以 2000 年 7 月修正颁布的《中华人民共和国海关法》为法律依据，以 2003 年 11 月颁布的《中华人民共和国进出口关税条例》以及作为条例部分的《进出口税则》和《中华人民共和国海关入境旅客行李物品和个人邮递物品征收进口税办法》作为基本法规。目前，海关总署执行的是经国务院批准 2017 年 1 月 1 日起实施的《2017 年关税实施方案》，经调整后的税则税目数共计 8547 个，主要是对最惠国税率、协定税率、特惠税率进行了相应的调整。

1. 纳税义务人

中国关税的纳税义务人有进口货物的收货人、出口货物的发货人、进出境物品的所有人。进出境物品的所有人包括该物品的所有人和推定为所有人的人。

一般情况下，对于携带进境的物品，推定其携带人为所有人；对分离运输的行李，推定相应的进出境旅客为所有人；对以邮递方式进境的物品，推定其收件人为所有人；以邮递或其他运输方式出境的物品，推定其寄件人或托运人为所有人。

2. 征税对象及税率

中国关税的征税对象是准许进出境的货物和物品。货物是指贸易性商品；物品指入境旅客随身携带的行李物品、个人邮递物品、各种运输工具上的服务人员携带进口的自用物品、馈赠物品以及其他方式进境的个人物品。

按照征税性质将关税分为普通关税、最惠国关税、协定关税、特定优惠关税。来源于不同国家的货物适用不同的税率，根据进口货物的原产地以及与该国签订的条约等确定适用的税率。

表4—1　　　　　　　　　　关税分类表

名称	适用范围	税率特点
普通关税	与中国没有签署贸易或经济优惠等友好协定的国家（地区）原产的货物	通常较高
最惠国关税	原产于与中国共同适用最惠国待遇条款的WTO成员的进口货物，或原产于与中国签订有相互给予最惠国待遇条款的双边贸易协定的国家（地区）的进口货物	通常低于普通关税税率，高于特惠关税税率
协定关税	与中国签署贸易协定或缔结条约	
特惠关税	原产于与中国签订有特殊优惠关税协定的国家或地区的进口货物	一般低于最惠国税率和协定税率

资料来源：国务院关税税则委员会办公室、中华人民共和国财政部关税司编：《中国关税——制度、政策与实践》，中国财政经济出版社2011年版。

3. 税收优惠政策

表4—2　　　　　鼓励外商投资的有关进口税收政策对照表

类型	进口范围	相关优惠
已设立的鼓励类外商投资企业、外商投资研究开发中心技术改造	在投资总额内进口国内不能生产或性能不满足需要的自用设备及配套的技术、配件、备件	《国务院关于调整进口设备税收政策的通知》（国发〔1999〕791号）

续表

类型	进口范围	相关优惠
外商投资设立的研究开发中心	在投资总额内进口国内不能生产或性能不满足需要的自用设备及配套的技术、配件、备件	《国务院关于调整进口设备税收政策的通知》（国发〔1999〕37号）
对符合中西部省、自治区、直辖市利用外资优势产业和优势项目目录的项目		除《国务院关于调整进口设备税收政策的通知》（国发〔1999〕37号）外，免征进口关税
对符合中西部省、自治区、直辖市利用外资优势产业和优势项目目录的项目	在投资总额外利用自有资金进口享受税收优惠政策商品范围及免税手续比照本通知第一条对相关企业的有关规定办理	

资料来源：国务院关税税则委员会办公室、中华人民共和国财政部关税司编写：《中国关税——制度、政策与实践》，中国财政经济出版社2011年版。

4. 应纳税额的计算

①从价税：关税税额 = 应税进（出）口货物数量×单位完税价格×税率

②从量税：关税税额 = 应税进（出）口货物数量×单位货物税额

③复合税：关税税额 = 应税进（出）口货物数量×单位完税价格×税率 + 应税进（出）口货物数量×单位货物税额

④滑准税：关税税额 = 应税进（出）口货物数量×单位完税价格×滑准税税率

5. 已实施的区域自由贸易协定情况

截至目前，中国已与25个国家和地区达成了17个自贸协定，自贸伙伴遍及欧洲、亚洲、大洋洲、南美洲和非洲。同时，中国正与27个国家进行12个自贸协定谈判或者升级谈判，主要包括《区域全面经济伙伴关系协定》（RCEP）、中日韩、中国—挪威、中国—斯里兰卡、中国—以色列、中国—韩国自贸协定第二阶段、中国—巴基斯坦自贸协定第二阶段谈判，以及中国—新加坡、中国—新西兰自贸协定升级谈判等。

6. 中国自由贸易试验区

目前，中国自贸试验区的数量达到了11个。2013年中国设立了首个自贸区——上海自贸区，第二批自贸区于2014年分别覆盖广东、天津、福建，第三批自贸区分别是辽宁、浙江、河南、湖北、重庆、四川、陕西自由贸易试验区。

7. 加入WTO后的承诺降税期

2001年9月11日，中国加入了世界贸易组织（WTO），同时开始按照加入WTO的关税减让谈判承诺，开始进入承诺降税的过程。从2002年中国开始针对关税降税承诺履行降税的义务，2002年中国关税总水平下降至12%，到2005年中国关税总水平持续下降至9.9%，成为履行降税义务时期中相对大幅度降税的最后一年。到2010年关税总水平维持在9.8%，实现降税承诺义务。

二 塞尔维亚关税总体分析

（一）塞尔维亚关税的总体沿革

塞尔维亚现存最早的海关法是公元1277年的Dubrovnik海关条文及相关案例和其他的书面法律渊源。经历漫长的演变后，塞尔维亚在1883年颁布了第一部《海关和一般海关关税法典》。1899年1月23日第一部塞尔维亚王国海关法出台，规定了详细的海关清关程序，并提供了货物仓储与发生错误时退还关税的程序。当时南斯拉夫王国也适用同一部海关法，仅有细微差别。第二次世界大战之后，这个百废待兴的国家在1945年出台了第一份关于海关事务的规定。之后，1959年的新海关法规定了海关优先待遇与特定种类进口货物的免税待遇。随着现代化的不断推进，1973年塞尔维亚颁布了新海关法，其最大的特点在于对铁路与公路运输行业进行了全面的规定。其后，海关法分别在1976、1979、1982、1984年被修订，以适应不断变化的经济社会与现代海关需求。

（二）现行关税

现行海关法在2010年3月3日生效，是塞尔维亚海关法与欧盟规定相统一的重要一步，涉及海关程序的标准化以及海关执法的现代化。自从1987年南斯拉夫签订并批准《商品名称及编码协调制度的国际公约》，关税税则也在不断演变以适应现代技术的不断发展。塞尔维亚关于货物分类的关税税则与《欧盟统一海关关税命名法》一致,并且根据《商品名称及编码协调制度的国际公约》在不断修改、调整。

2016年12月28日,塞尔维亚国会正式通过了关于海关法的修订案,该修订于2017年1月6日生效,自2017年2月5日开始适用,其中关于海关决议的诉讼条款将延期适用。主要修订内容包括:自2017年7月1日起,针对海关决议的上诉由财政部负责;主管海关执行的后续海关审计应遵循监督海关执法人员的相关规定;将海关自由贸易区相关规定的术语与欧盟相关规定进行统一;删除进口在海外生产的设备免关税的条款;提高违反海关规定所处罚的罚金。

1. 纳税义务人

根据塞尔维亚《海关法》第89条规定,海关申报人可以是任何可以出示海关程序所涉货物及所需证件的人,或任何其他代表该人行事的人。如果申报将向某个特定的人施加义务,则应当由该人亲自或委托他人办理申报。申报人必须是在塞尔维亚成立的法人或塞尔维亚居民,除非相关申报涉及转运或临时出口,或相关申报仅是偶然发生且海关认为有理由允许该申报。

2. 征税对象及税率

塞尔维亚海关每年公布新的海关税则表作为海关法的附属文件,税则表中分别列出了自主关税、协议关税、优惠关税、减让关税及零关税等不同的税率。其中,海关注册税为报关基数的0.5%,塞尔维亚的平均关税率为12%,税率的幅度为0—30%。

按塞尔维亚海关关税法律规定,与塞尔维亚签订最惠国条款的国家可以享受最惠国待遇,使用优惠的通关税率。从其他国家进口商品,关税税率将提高70%。

另外,进口农产品和食物都需要缴纳进口关税。相比之下,从欧盟国家进口的农产品和食物适用较低的税率。

表 4—3　　　　　　　塞尔维亚主要商品的进口关税

商品名称	关税税率（%）
酒类、烟草	10—30
矿物原料	1—5
化工产品	1—30
塑料和橡胶制品	1—20
生皮、毛，皮革	1—10
木制品	1—10
纸浆、纸制品	1—20
纺织品	0—22
鞋帽	5—30
机械设备	1—15
汽车、飞机	1—20
武器及武器装备	1—25

资料来源：国家税务总局：《中国居民赴塞尔维亚投资税收指南》。

表 4—4　　　　按照产品类别分类的平均关税税率调整幅度表

产品类别	税率调整幅度（%）
塞尔维亚不生产的原材料、零附件、设备	0—1
塞尔维亚生产的原材料、零附件、设备	3—5
塞尔维亚生产并拥有足够数量的设备	8—10
塞尔维亚国内大量生产的工农业产品	15—30
塞尔维亚不生产，既属于日用消费品，同时又是再生资料产品	10—20
对进口日用商品，如短缺将影响居民的生活水平	15—20
塞尔维亚有能力生产的日用品	18—25
奢侈消费品	30

资料来源：中华人民共和国商务部：《对外投资合作国别（地区）指南·塞尔维亚》（2017年版）。

3. 税收优惠政策

依据塞尔维亚《关税法》与《外国投资法》的规定，对外国投资项下的设备、固定资产、科研设备、建材、卫生和环保设备及塞尔维亚不能生产的物资等全免进口关税。主要包括：

①除小轿车、游戏机与赌博机外，外商作为股本投入的进口设备免进口关税；

②塞尔维亚不生产的设备（需提供商会证明），具备表4—5所列理由进口，可免进口关税：

表4—5　　　　　　　　　免进口关税项目

序号	进口理由
①	为替换在自然灾害、火灾、爆炸、武装冲突或交通事故中毁坏的设备
②	为直接服务于科研、教育与文化、保健、残疾人专业培训及就业相关工作
③	为直接保护人类生存环境
④	为完成与外商长期生产合作合同而进口的原材料、半成品、构件及成品可享受全免关税或减50%关税的优惠待遇（前提是必须由塞尔维亚商会证明上述产品在塞尔维亚不生产，或生产的数量有限或产品质量达不到规定要求）

③进口原材料和半成品免征关税。适用于产品全部出口的项目和在自由贸易区内的项目。

④投资设备免关税。适用于外资项目中作为投资的进口设备。

4. 应纳税额的计算

应纳税额 = 进口货物完税价格 × 所适用的关税税率

5. 已实施的区域自由贸易协定情况

目前，塞尔维亚对外签署的区域自由贸易协定有：《中部欧洲自由贸易协议》《塞尔维亚和欧盟关于稳定与联系协议》（包括"过渡性贸易协议"）《塞尔维亚和俄白哈关税同盟自由贸易协议》《塞尔维亚和土耳其自由贸易协议》《塞尔维亚和欧洲贸易联盟自由贸易协议》。此外，塞尔维亚还一直享有欧盟给予的优惠贸易安排（ATM）和美国给予的最惠国待遇（MFN）。通过执行区域和国家间的自由贸易协议，绝大多数原产于塞尔维亚的产品可以免关税、免配额自由进入上述地区和国家的市场。

6. 塞尔维亚自贸园区

塞尔维亚自贸园区是指位于塞尔维亚关税境以内，但实行与其他关税区域不同经济政策的特殊区域，尤其适合出口导向型的企业进驻。目前，塞尔维亚批准建立并运营的自贸园区有 13 个。

自贸区优惠政策主要包括：

第一，自贸区用户享受商品和服务进出口自由，且不受数量限制及普通商业政策措施的管控。

第二，为来料加工、外发加工或者测试、认证、维修和市场推介等，自贸区用户可在规定的期限内将商品转运塞尔维亚其他关税区或其他自贸区，并免征关税及增值税等进口税。

第三，为自贸区用户为商业活动及自贸园区设施建设而进行的货物进口（如生产出口商品的原材料以及自贸园区建设所需的设备、机械和建筑材料等）免征海关关税以及增值税等进口税。

第四，进入自贸区的商品以及该商品相关的运输、存储等服务免征增值税，商品购买者以及运输、存储等服务接受者享有进项税抵扣权。

三　中国与塞尔维亚关税的对比分析

（一）相同点

1. 关税制度整体演变

纵观两国的关税制度演变都是先利用关税保护本国的经济产业发展，随着对外贸易合作政策的实施和逐渐开放的经济态势进而不断降低关税水平，寻求国际贸易发展合作。同时从侧面反映出关税职能作用在不断平衡中，相对来看，两国一开始都是出于保护自己国内产业发展的角度，因而比较重视依赖关税增加财政收入的财政作用和依靠高税率水平保护产业发展的保护作用，随着发展水平的不断提高和对外贸易的逐步扩大，更加重视调节对外贸易关系的调节作用。

中国在履行加入世界贸易组织的关税减让承诺过程中，不断根据中国的实际国情对各种商品进行降税、调整税目税率，塞尔维亚虽然目前还未加入世界贸易组织，但可以预见，作为发展中国家的塞尔维亚在准备加入世界贸易组织的过程中也会根据其具体国情针对关税做出一系列相应的调整。

2. 最惠国条款及自贸协定

无论是与塞尔维亚签署最惠国条款的国家还是享受中国最惠国待遇

的 WTO 成员国以及签署最惠国条款的国家，在进出口货物贸易中都能享受到相应的优惠待遇，都会从中受益。比如，与塞尔维亚签订最惠国条款的国家可以享受最惠国待遇，使用优惠的通关税率，而从其他国家进口商品，关税税率将提高70%。同样，由于中国加入了世界贸易组织，成员国之间就可以享受关税优惠待遇。

另外，与中国达成自贸协定的国家进出口商品也会享受更低的关税，获得更多的利润空间。如中国与格鲁吉亚签署的自贸协定，是"一带一路"倡议提出后中国启动并达成的第一个自贸协定。协定生效后，在货物贸易方面，格方对中国96.5%的产品立即实施零关税，覆盖格自中国进口总额的99.6%；中国对格93.9%的产品实施零关税，覆盖中国自格进口总额的93.8%，其中90.9%的产品（42.7%的进口总额）立即实施零关税，其余3%的产品（51.1%的进口总额）5年内逐步降为零关税。在服务贸易方面，双方在各自世贸组织承诺基础上，进一步相互开放市场。可见，签订自贸协定之后的关税优惠力度之大。

3. 自贸园区

在自贸园区方面，中国和塞尔维亚都在各自国家设立了多个自贸园区，如中国最早设立的上海自贸区以及如今陆续成立的10个自贸区，设立自贸园区的目的之一是给此区域内的投资发展企业更多的贸易便利、投资便利，吸引更多的企业来自贸园区投资发展。塞尔维亚批准建立并运营的自贸园区有13个，除了可以享受自贸区的便利措施，自贸区优惠政策更能吸引外商，同时从塞尔维亚发布的自贸区优惠政策中也可以看出塞尔维亚对外商商业活动的支持。

4. 给予外商投资优惠政策

在税收优惠政策上，中方和塞方都体现了在各种方面对外商投资的大力支持和鼓励原则。塞尔维亚出台了针对外商投资的设备、部件及规定所需物品等实行减免关税的优惠政策。中国为了鼓励外商投资，也分别根据外商投资性质给予了不同程度、不同限定范围的优惠。

(二) 不同点

1. 关税总水平

从整体上看，在关税总水平方面，中国自加入 WTO 后关税税率呈现出不同程度的降低，涉及的商品范围不断扩充。国务院关税税则委员会发布公告称，从2018年11月1日起，将降低1585个税目工业品等商品进口关税税率，约占中国税目总数的近五分之一。中国关税总水平将由2017年的9.8%降至7.5%。因此，与塞尔维亚当前12%的平均关税相比，中国关税总体水平较低，同时在大多数发展中国家中，中国关税也处于中等偏低水平。

2. 关税种类

在关税种类方面，塞尔维亚海关税则表中分别列出了自主关税、协议关税、优惠关税、减让关税及零关税等不同的税率。就进口农产品和食物而言，塞尔维亚从欧盟国家进口的农产品和食物适用较低的税率。而中国按照货物的来源将关税分为普通关税、最惠国关税、协定关税、特定优惠关税，根据进口货物的原产地以及与该国签订的条约等确定适用的税率。两国关税分类上略有不同。

3. 开展的双边及区域自由贸易情况

在双边及区域自由贸易方面，由于塞尔维亚对外贸易的主要辐射市场是欧盟国家，因此已签订的区域贸易协定以欧盟及欧洲国家为主，同时塞尔维亚各项法律制度也随着入盟进程的深入而逐步规范，呈现出了与欧盟趋同的趋势。而中国的对外贸易发展不断壮大，对外贸易合作国家分布较为广泛，目前中国已与25个国家和地区达成了17个自贸协定，自贸伙伴已遍布各个大洲。相比之下，中国开展双边及区域自由贸易更加频繁。

四 中国与塞尔维亚关税差异协同研究

从中国与塞尔维亚签署的经贸领域双边主要协定来看，双方已经于2017年就基础设施领域经济技术合作协定进行了内容更新。中塞政府之间签有《关于共同推进"一带一路"建设的谅解备忘录》，建有经贸混委会机制。在贸易合作方面，中国与南联盟于1995年12月签订了《投资保护协定》以及于1997年3月签署了《避免双重征税协定》，塞尔维亚继承了南联盟的国际法主体地位之后，这些协定仍然有效。在此背景下，本节就中塞农产品贸易合作、自贸协定可行性、经贸合作的建设三方面进行中塞贸易合作展望。

(一) 加强中塞农产品贸易互补合作

中国一直以来是世界农产品进口大国，现阶段中国人口的增长和生活水平的提高对农产品的需求不断增加，与此同时，农业是塞尔维亚的核心产业，在塞尔维亚经济中占有重要地位。塞尔维亚天然的土地、雨水等农业生产资源状况良好。塞尔维亚的种植业以小麦、玉米为主，主要粮食作物包括小麦、玉米、大麦等，畜牧业则以养猪生产为主，这与中国需要的进口农产品也相匹配。因此，中塞双方进行农产品贸易合作，既能坚持中国扩大农产品进口的政策，满足中国居民的多元化消费需求，又可使塞尔维亚分享中国扩大农产品进口的蛋糕。

(二) 开展中塞自贸协定可行性研究

中国自贸"朋友圈"在不断扩容，目前，中国已经与25个国家和地区达成17个自贸协定。塞方自贸区优惠政策也极具吸引力，例如自贸区用户享受商品和服务进出口自由，且不受数量限制及普通商业政策措施的管控；自贸区用户为商业活动及自贸园区设施建设而进行的货物进口（如生产出口商品的原材料以及自贸园区建设所需的设备、机械和建筑材料等）免征海关关税等。自贸协定的签署将大大降低双方进出口合作商品的关税，贸易进展更加顺畅便利。因此，中塞双方可以开展签订自贸协定的可行性研究。

(三) 加快中塞经贸合作区的建设进程

目前中国尚未在塞尔维亚投资开发经贸合作区或工业园区，相关企业正在积极考虑在塞尔维亚投资建设工业园区。由于中国对"一带一路"建设的重视，相关企业"走出去"的步伐也越来越快，加快双方经贸合作园区的建设进程十分具有必要性，比如中国在赞比亚等非洲地区建立了境外合作园区，吸引了近千家企业进入园区运营，在为当地提供了就业岗位的同时，还带去了税收收入，带动了当地制造业的发展，与此同时更加改善了中国与该地区的进出口贸易。

第五章

中国与塞尔维亚个人所得税对比分析

一 中国个人所得税总体分析

(一) 中国个人所得税总体沿革

近一个世纪来，中国的个人所得税制历经晚清、民国和新中国三个历史时期。从无到有，从幼稚到成熟，从落后到与时俱进，中国个人所得税制走过一条坎坷曲折的发展道路。本书以时间为线，将个人所得税制发展分为三个阶段进行阐述：

1. 所得税起源雏形

中国所得税制的创建受欧美国家和日本所得税制度的影响，始于20世纪初的清朝末年。1910年清政府资政院成立后，度支部曾起草《所得税章程》并提交资政院审议。但是，该章程还未等到审议，清政府就被推翻了。

1912年，中华民国成立以后，逐步加强对所得税问题的重视。1914年，袁世凯公布《所得税条例》，这是中国第一部所得税法规。但是，由于政局动荡，经济落后，该条例并没有实施。1936年7月，国民政府公布《所得税暂行条例》，分项目分别在同年10月1日和次年1月1日实施，从此，中国历史上第一次全面开征所得税。1943年2月，国民政府公布《所得税法》，《所得税暂行条例》同时废止。此后，国民政府先后于1946年、1948年和1949年先后3次修改《所得税法》。

此外，国民政府先后于1938年10月、1943年2月和1947年公布《非常时期过分利得税条例》《非常时期过分利得税法》和《特征过分利得税法》作为《所得税法》的过分延伸。在国民政府征收所得税的13年间，由于纷乱不断，军阀割据，虽然所得税立法较早，但征税举步维艰，中国所得税制度早已名存实亡。

2. 个人所得税初出茅庐

1950年年初，政务院公布《全国税政实施要则》，在暂定的14个税种中，其中涉及对个人所得征税的有工商业税、薪酬报酬所得税和存款利息所得税3个税种。但是，由于我国长期实行低工资、高就业的政策，实际上并没有开征。

1978年12月，十一届三中全会召开后标志着改革开放政策的正式实行。为了解决来华工作的外国人的所得税问题，财政部于1978年年底开始研究建立个人所得税制度的问题。1980年9月，全国人大五届三次会议通过《中华人民共和国个人所得税法》，这是新中国成立之后制定的第一部个人所得税法，它具备一般税种的基本要素。至此，个人所得税才首次以立法的形式和独立税种的身份在我国出现。

1986年1月，国务院颁布实施《中华人民共和国城乡个体工商业户所得税暂行条例》，针对城乡个体工商户开征个体工商业户所得税，标志着城乡个体工商业户所得税从"工商所得税"中分离出来，纳入个人所得税范围。1987年1月，国务院颁布实施《中华人民共和国个人收入调节税暂行条例》。至此，我国个人所得税的纳税主体趋于完整，个人所得税制度正式建立。

3. 个人所得税发展革新

自1993年至今，我国个人所得税先后经历了7次发展变化。

1993年10月，全国人大八届四次会议将《中华人民共和国个人所得税法》《中华人民共和国城乡个体工商业户所得税暂行条例》及《中华人民共和国个人收入调节税暂行条例》三个税收法规合并为统一的新的个人所得税法，形成了我国第一部比较完善、统一的个人所得税法，也标志着我国个人所得税制朝着科学化、规范化、国际化的方向迈出了关键的一大步。1999年8月全国人大常委会第十一次会议对《中华人民共和国个人所得税法》进行2次修订，恢复对储蓄存款利息征收个人所得税。2005年10月，新《中华人民共和国个人所得税法》颁布，自2006年1月1日起，将工资、薪金所得的费用扣除标准提高到1600元，年薪所得超过12万元的纳税人应自主申报缴纳个人所得税。新颁布的税法增强了对高收入者的调节力度和对低收入者的保护，降低了税收负担，是中国个税历史上的一次重要变革，标志着我国个人所得税法更加成熟。

2007年6月和2007年9月第十届全国人大常委会分别在第二十八次和三十一次会议上对《中华人民共和国个人所得税法》进行了第四次和第五次修订。自2008年3月1日起，起征点从1600元继续提高到2000元。2011年6月，国务院对个人所得税进行第6次修改，将个人所得税的起征点由原来的2000元增加为3500元，将原来的工资薪金所得的9级超额累进税率改为7级超额累进税率，级距也做了相应调整，并从2011年9月1日起正式实施。2018年8月，全国人大常委会第五次会议对《中华人民共和国个人所得税法》进行了第七次修订，明确规定个税起征点由每月3500元提高至每月5000元，首次增加子女教育支出、继续教育支出、大病医疗支出、住房贷款利息支出和住房租金等专项附加扣除。这表明我国在个税方面的惠民政策又迈开一大步，体现我国税收"取之于民，用之于民"的特点，更加彰显税法的温度和人性化色彩，对当前经济社会发展意义重大。

（二）中国现行个人所得税

1. 纳税义务人

个人所得税的纳税人分为居民纳税人和非居民纳税人。

居民纳税人：在中国境内有住所，或者无住所而在一个纳税年度在中国境内居住累计满183天的个人，为居民个人。居民纳税人负有无限纳税义务。其从境内和境外取得的所得，都要在中国缴纳个人所得税。

非居民纳税人：在中国境内无住所又不居住，或者无住所而在一个纳税年度在中国境内居住累计不满183天的个人，为非居民个人。非居民纳税人承担有限纳税义务，只就其来源于中国境内的所得，向中国缴纳个人所得税。

凡是支付个人应纳税所得的企业（公司）、事业单位、机关、社团组织、军队、驻华机构、个体户等单位或个人，为个人所得税的扣缴义务人。

2. 征税范围及税率

表 5—1　　　　　中国个人所得税征税范围及税率

征税范围		税率
综合所得	工资、薪金所得	3%—45% 五级超额累进税率
	劳务报酬所得	20% 的比例税率
	稿酬所得	
	特许权使用费所得	
经营所得		5%—35% 的超额累进税率
利息、股息、红利所得		20% 的比例税率
财产租赁所得		
财产转让所得		
偶然所得		

表 5—2　　　　　中国个人综合所得税税率表

级数	全年应纳所得额	税率（%）
1	不超过 36000 元	3
2	超过 36000 元至 144000 元的部分	10
3	超过 144000 元至 300000 元的部分	20
4	超过 300000 元至 420000 元的部分	25
5	超过 420000 元至 660000 元的部分	30
6	超过 660000 元至 960000 元的部分	35
7	超过 960000 元的部分	45

表 5—3　　　　　中国个人经营所得税税率表

级数	全年应纳税所得额	税率（%）
1	不超过 30000 元	5
2	超过 30000 元至 90000 元的部分	10
3	超过 90000 元至 300000 元的部分	20
4	超过 300000 元至 500000 元的部分	30
5	超过 500000 元的部分	35

3. 应纳税所得额的确认

表5—4　　　　　中国个人所得税项目应纳税所得额

征税范围		应纳税所得额	备注
综合所得	工资、薪金所得 居民纳税人	纳税年度收入-60000元-专项扣除-专项附加扣除-依法确定的其他扣除额	1. 专项扣除是指国家规定的五险一金；专项附加扣除包括子女教育、继续教育、大病医疗支出、住房贷款利息支出和住房租金以及赡养老人 2. 个人将其所得对公益事业进行捐赠，捐赠未超过其应纳税所得额的30%，可以从纳税额中扣除。国务院规定可全额扣除的，从其规定
	工资、薪金所得 非居民纳税人	每月收入-5000元	
	劳务报酬所得	收入×（1-20%）	
	稿酬所得	70%×收入	
	特许权使用费所得	收入×（1-20%）	
经营所得		纳税年度收入-成本、费用及损失	
利息、股息、红利所得		每次收入额	
财产租赁所得		收入≤4000元，收入-800元	
		收入>4000元，收入×（1-20%）	
财产转让所得		转让收入-财产原值-合理费用	

2018年10月20日，财政部和国家税务总局发布了《中华人民共和国个人所得税法实施条例（修订草案征求意见稿）》和《个人所得税专项附加扣除暂行办法（征求意见稿）》，公众可以在2018年11月4日之前在相应的几种渠道提出自己的意见。经过意见收集、再次修改后，修订后的《中华人民共和国个人所得税法实施条例》以及新拟定的《个人所得税专项附加扣除暂行办法》于2019年1月1日起正式实施。

暂行办法规定纳税人的子女接受学前教育和学历教育的相关支出，按每个子女每年1.2万元（每月1000元）标准定额扣除；纳税人接受学历或非学历继续教育的支出，在规定期间可按每年3600元或4800元定额扣除；

大病医疗支出方面,纳税人在一个纳税年度内发生的自负医药费用超过1.5万元部分,可在每年6万元限额内据实扣除;住房贷款利息方面,纳税人本人或配偶发生的首套住房贷款利息支出,可按每月1000元标准定额扣除;住房租金根据纳税人承租住房所在城市的不同,按每月800—1200元定额扣除;赡养老人支出方面,纳税人赡养60岁(含)以上父母的,按照每月2000元标准定额扣除,其中,独生子女按每人每月2000元标准扣除,非独生子女与其兄弟姐妹分摊每月2000元的扣除额度。

按照暂行办法规定,专项附加扣除标准并非一成不变,将随着教育、住房、医疗等民生支出变化情况适时调整。

4. 税收优惠

(1) 免征个人所得税

①省级人民政府、国务院部委和中国人民解放军军以上单位,以及外国组织、国际组织颁发的科学、教育、技术、文化、卫生、体育、环境保护等方面的奖金;

②国债和国家发行的金融债券利息;

③按照国家统一规定发给的补贴、津贴;

④福利费、抚恤金、救济金;

⑤保险赔款;

⑥军人的转业费、复员费、退役金;

⑦按照国家统一规定发给干部、职工的安家费、退职费、基本养老金或者退休费、离休费、离休生活补助费;

⑧依照有关法律规定应予免税的各国驻华使馆、领事馆外交代表、领事官员和其他人员所得;

⑨中国政府参加的国际公约、签订的协议中规定的免税所得;

⑩国务院规定的其他免税所得。

(2) 减征个人所得税

①残疾、孤老、烈属所得;

②因严重自然灾害造成重大损失的;

③其他经国务院财政部门批准减税的;

④对储蓄存款利息所得开征、减征、停征个人所得税及其具体办法,由国务院规定,并报全国人民代表大会常务委员会备案。

(3) 外籍个人所得税免税优惠

①外籍个人以非现金形式或实报实销形式取得的住房补贴、伙食补贴、搬迁费、洗衣费。外籍个人按合理标准取得的境内、外出差补贴。外籍个人取得的探亲费（至配偶或父母居住地，一年不得超过两次并要有交通费支出凭证）、语言训练费、子女教育费等，经当地税务机关审核批准为合理的部分；

②外籍个人从外商投资企业取得的股息、红利所得；

③符合条件的外籍专家取得的工资、薪金所得可免征个人所得税；

④根据世界银行专项贷款协议由世界银行直接派往我国工作的外国专家；

⑤联合国组织直接派往我国工作的专家；

⑥为联合国援助项目来华工作的专家；

⑦援助国派往我国专为该国无偿援助项目工作的专家；

⑧根据两国政府签订文化交流项目来华工作两年以内的文教专家、其工资、薪金所得由该国负担的；

⑨根据我国大专院校国际交流项目来华工作两年以内的文教专家、其工资、薪金所得由该国负担的；

⑩通过民间科研协定来华工作的专家，其工资、薪金由该国政府机构负担的。

(4) 特殊的减免税政策

①股权分置改革中非流通股股东通过对价方式向流通股股东支付的股份、现金等收入，暂免征收个人所得税；

②对被拆迁人按照国家有关城镇房屋拆迁管理办法规定的标准取得的拆迁补偿款，免征个人所得税；

③个人保险代理人以其取得的佣金、奖励和劳务费等相关收入（以下简称"佣金收入"，不含增值税）减去地方税费附加及展业成本，按照规定计算个人所得税。展业成本，为佣金收入减去地方税费附加余额的40%。个人保险代理人为保险企业提供保险代理服务应当缴纳的个人所得税，由保险企业按照现行规定依法代扣代缴；

④证券经纪人（扣展业成本和税费）、信用卡和旅游等行业的个人代理人比照上述规定执行。信用卡、旅游等行业的个人代理人计算个人所

得税时，不执行有关展业成本的规定（只扣税不扣展业成本）。

表5—5　　　　　　　　中国个人所得税项目缴税规定

征税范围		扣缴义务人		
		有扣缴义务人	无扣缴义务人	有扣缴义务人但扣缴义务人未扣缴税款的
综合所得	居民纳税人	按月或按次预扣预缴税款	纳税人在取得所得的次月15日内向税务机关报送纳税申报表，并缴纳税款	纳税人在取得所得的次年6月30日前缴纳税款；税务机关通知缴纳的，纳税人应按照期限缴纳税款
		取得所得的次年3月1日至6月30日内办理汇算清缴		
		预扣预缴办法由国务院主管部门制定		
	非居民纳税人	按月或按次代扣代缴税款，不办理汇算清缴		
利息、股息、红利所得		按月或按次代扣代缴税款		
财产租赁所得				
财产转让所得				
偶然所得				
经营所得		—	由纳税人在月度或季度终了后15日内向税务机关报送纳税申报表，并预缴税款；在取得所得的此前3月31日之前办理汇算清缴	—

5. 征收管理

（1）纳税申报

有下列情形之一的，纳税人应当依法办理纳税申报：

①取得综合所得需要办理汇算清缴的；

②取得应税所得没有扣缴义务人；

③取得应税所得，扣缴义务人未扣缴税款；

④取得境外所得；

⑤因移居境外注销中国户籍；

⑥非居民个人在中国境内从事两处以上取得工资、薪金所得；

⑦国务院规定的其他情形。

（2）代扣代缴纳税

扣缴义务人每月所扣的税款，应当在次月15日内缴入国库。

纳税人办理汇算清缴退税或者扣缴义务人为纳税人办理汇算清缴退税的，税务机关审核后，按照国库管理的有关规定办理退税。

（3）纳税调整

①个人与其关联方之间的业务往来不符合独立交易原则而减少本人或与其关联方的应纳税额，且无正当理由的；

②居民个人控制的，或者居民个人和居民企业共同控制的设立在实际税负明显偏低的国家（地区）的企业，无合理经营需要，对应当属于居民个人的利润不作分配或者减少分配；

③个人实施其他不具有合理商业目的的安排而获取不正当税收利益。

税务机关依照规定作出纳税调整，需要补征税款的，应当补征税款，并依法加收利息。

6. 境外所得的个税处理

居民个人从中国境外取得的所得，可以从其应纳税额中抵免已在境外缴纳的个人所得税税额，但其抵免额不得超过该纳税人境外所得依照《中国个人所得税法》规定计算的应纳税额。

居民个人从中国境外取得所得的，应当在取得所得的次年3月1日至6月30日内申报纳税。

纳税人因移居境外注销中国户籍的，应当在注销中国户籍前办理税款清算。

二 塞尔维亚个人所得税总体分析

（一）塞尔维亚个人所得税总体沿革

由于历史原因，个人所得税在塞尔维亚的历史上经历了长时间的空白。2001年，塞尔维亚制定第一部《个人所得税法》，相对中国来说，塞尔维亚个人所得税开征较晚，历时较短，但修改次数频繁，尤其是针对雇佣所得的税前扣除额。截至2017年6月已累计修订18次。平均一年修改一次，足见塞尔维亚对个人所得税的重视。本书仍以时间为线，对个人所得税制的总体沿革进行阐述：

1. 塞尔维亚个人所得税初出茅庐

2001年6月，塞尔维亚颁布实施第一部《个人所得税法》，其中规定个人所得税采用分类税制体系，并明确了纳税人的范围、征税内容、税率、减免政策和征管办法等内容，具备税法的基本要素，是塞尔维亚第一部完整的税法。这部法律为个人所得税的征收提供了理论和法律依据，为此后塞尔维亚10多年来的个税发展指明方向。至此，个人所得税制在塞尔维亚正式建立。

2. 塞尔维亚个人所得税发展革新

塞尔维亚议会于2002年11月26日通过了政府提议的《居民所得税法》补充修正案，通过调整，塞尔维亚的个人所得税与周边国家相比、甚至是整个东南欧地区都是最低的。目的在于增加家庭可支配收入，提高居民生活水平。

2003年2月，塞尔维亚实行单一税制，个人所得税率为14%，若年收入超过60万第纳尔（1美元约合103第纳尔），则对超出部分加征10%的个人所得税。个体经营者、农业人口的所得税率也是14%。另外，如果国有企业进行资产重组或申请破产，企业发给50岁以上职工的安置费一律免缴所得税。居民的投资所得、资本利得等有税收优惠。

从2005年1月1日开始，在另一国家或从另一国家的外交使领馆或国际组织以及它们的常驻代表机构领取工资或其他收入的纳税人，根据法律计算支付预提税。如果没有纳税人，由支付工资的人支付。此规定弥补了塞尔维亚对非居民纳税人纳税规定的不足，标志着塞尔维亚个人所得税法更加趋于完善和成熟。

2010年3月，塞尔维亚颁布新的《个人所得税法》，但此次税法修改只是在原来基础上进行的小修小补，改变了部分法律条文的说法，并剔除了某些过时的规定，并无实质意义上的修改。

2014年5月30日，议会通过修改了《法定社保法案》及《个人所得税法》。《法定社保法案》作为《个人所得税法》的分支，主要修改内容如下：

①健康保险的雇主与雇员支付费率均调至6.15%；

②养老基金与工伤保险的雇主支付费率由11%增至12%，雇员支付费率由13%增至14%；

③雇佣新员工的雇主可获得一定的社保补助，补助比例与所雇佣的新员工数成正比。

2015年9月，塞尔维亚个人所得税率仍为14%，但是议会对累进税率进行了改革，由年收入超过一定限额变为年收入超过当年年平均工资收入的六倍，10%税率适用于净所得（减除津贴后）不超过六倍年平均工资收入的部分（2015年度为4402440第纳尔）；15%税率适用于净所得超过六倍平均工资收入的部分。此次修改增强了对高收入者的调节力度和对低收入者的保护，降低了税收负担，更加凸显税收的公平性和合理性。

2017年6月，塞尔维亚再次颁布新的个人所得税法，这是继2017年2月塞尔维亚第二次修改个人所得税法。此次修改对相关创作人或持有人的专利或作品（如：绘画、雕塑、陶瓷和设计等）的征税规定做了更详细的表述，保障了个人更深层次的权利，表明塞尔维亚个人所得税法在人权保障上又迈进了一大步。

综上所述，不论是我国的个人所得税法律，还是塞尔维亚的个人所得税法律，都不是一成不变的，而是随着社会经济环境的发展而不断修正的。作为两国最重要的税种之一，蓬勃发展的个人所得税法占总税收的比例也是逐年上升。它在保障居民生存、促进社会稳定和推动经济发展等方面发挥着越来越大的作用。

（二）塞尔维亚现行个人所得税

1. 纳税义务人

个人所得税的纳税人分为居民纳税人和非居民纳税人。

居民指在塞尔维亚拥有居所、营业中心或重大利益的个人，或在一个税收年度内累计在塞尔维亚居住时间超过183天的个人。居民纳税人需就其全球范围的所得纳税。

非居民纳税人指在塞尔维亚没有居所、营业中心或重大利益的个人，以及在一个税收年度内累计在塞尔维亚居住时间不超过183天的个人。非居民纳税人仅就来源于塞尔维亚的所得缴税。

预提所得税扣缴义务人为所得支付人。

夫妻双方为独立纳税人，不以家庭为单位合并纳税。

合伙企业（普通合伙和有限合伙）被视为独立纳税人。

2. 征税范围及税率

（1）应税所得及税率

表5—6　　　　　　塞尔维亚个人所得税应税所得及税率

应税所得项目			税率（%）
雇佣收入			20
营业收入			10
特许权使用费收入			20
资本利得			15
其他收入		居民纳税人	20
	非居民纳税人	保险金	15
		不动产所得、动产租金所得、博彩所得、董事所得、提供专门服务所得、版税所得	20
汇总收入（净所得）	≤三倍年平均收入		免征税
	>三倍年平均收入	≤六倍年平均收入	10
		>六倍年平均收入	15

（2）不征税所得

以下事项所产生的收入不征个人所得税：

①残疾退伍军人补助；

②父母与子女补助；

③因受另一个人帮助与抚养而获得的补助及残疾补助；

④失业补助；

⑤依法发放的生活补助；

⑥除了工资薪金补偿以外的健康保险补助；

⑦产品保险赔偿，不包括利润赔偿和个人保险赔偿，除非这些赔偿是由过错方为弥补损失而支付；

⑧针对重大损失的赔偿，不包括利润赔偿或工资薪金赔偿；

⑨对死亡雇员及其家属或退休雇员发放的补助，不超过35000第纳尔；

⑩自然灾害或极端事件所造成的破坏或财产损失补助；

⑪有组织的福利与人道主义援助；

⑫学生补助与贷款，每月不超过6000第纳尔；

⑬业余体育俱乐部根据相关体育法规向业余运动员发放的餐补，不超过5000第纳尔；

⑭青少年违法犯罪者在少管所监禁过程中的工作报酬；

⑮精神病院病人的工作报酬；

⑯选举或人口普查工作人员的工作报酬；

⑰法定老年补助与残疾人补助金；

⑱法定最低退休金金额；

⑲雇主根据劳动法规定支付给被解雇员工的离职金，不超过法律规定的最高限额；

⑳私有化改制过程中根据政府规划被解雇的员工所获得的补偿金，最高不超过相关政府规划所规定的数额，但如果被解雇者超过50岁，则无此限额；

㉑对维持生计者的报酬，以及为帮助其家庭成员发放的补助；

㉒向塞尔维亚军队现役军人、军事学院和军事中学的学生以及储备军官训练学校学员发放的报酬；

㉓警察中学学生依法获得的报酬；

㉔根据国家、自治省及地方政府预算发放的农业促进补助，该补助支付给获得农业和林业收入、开办农场的纳税人，根据特别规定汇入他们的专门账户；

㉕获得农林业、土地作业收入的纳税人以及农业户纳税人的增值税退税；

㉖奖学金以及教育类竞赛的奖金。

3. 应纳税所得额的确认

表 5—7 塞尔维亚个人所得税项目应纳税所得额

征税范围			应纳税所得额	备注
雇佣所得	居民纳税人		实际支付额 -5000第纳尔	—
	非居民纳税人	借调雇员	10%×来源于塞尔维亚的雇佣所得	
		非借调雇员	实际支付额 -11790第纳尔	
经营所得	农林业所得		测算所得,纳税人选择适用实际所得,则为实际所得	
	独立劳务所得		应税利润	
版权、著作权及其他工业产权			毛收入-与取得该收入相关的费用	非居民纳税人取得版权收入需预提所得税
资本孳息	利息收入		利息金额+(出售折扣债券的卖出价-买入价)	1. 相关收入以非金钱支付的,其价值参照公允市场确定 2. 非居民纳税人取得利息、股息收入需预提所得税
	股息收入		股息金额	
	雇员期权或其他参与公司利润分配的收入		公司资产-分配给纳税人的财产份额	
	开放投资基金收入		分红收入	
不动产所得			毛收入-标准费用(不得超过毛收入20%)	在租赁住房、房间或床位给旅客的情形下,如果租金已包含旅客应付的税款,则该扣除限制比例提高到50%。纳税人可申请根据实际费用进行扣除,前提是他必须提供证据证明实际费用的发生

续表

征税范围		应纳税所得额	备注
	资本利得	相关资产卖价－买价	
其他所得	出租动产收入	毛收入－20%标准费用	非居民纳税人取得其他所得需预提所得税
	博彩收入	博彩所得	
	个人保险收入	所获金额－已支付保费	
	运动员收入	毛收入－50%×标准费用	
补充年度所得税	为纳税人自己缴补充所得税	毛收入－40%年度平均薪金（不得超过毛收入50%）	1. 毛收入是指汇总收入减去成本费用支出，包括个人抵押贷款利息、医疗费、医疗保险费、教育费、赡养费、维护费和商业捐赠 2. 居民纳税人缴纳补充所得税时，可将基本个人津贴（年平均收入的40%）和每位家属津贴（年工资收入的15%）扣除，但津贴总额不得超过应税收入的50%
	为家庭成员缴补充所得税	毛收入－15%年度平均薪金（不得超过毛收入50%）	

4. 税收优惠

（1）免征个人所得税

根据塞尔维亚所得税法规定，以下收入可享受免税：

①自愿退休金和残疾保险，和自愿健康保险的额外奖励，每月最高额度5589第纳尔；

②纳税人连续持有至少10年的资产取得的资本利得；

③销售政府债券和信用债券取得的资本利得；

④继承财产取得的资本利得，继承人是死者第一继承人（例如，直系子女，配偶和父母）；

⑤离婚得到的资本利得；

⑥转移资产取得的资本利得，受让人是转让人的第一级别受让人；

⑦关于销售不动产取得的资本利得，如果纳税人将该收益再投资于购买公寓或房屋或符合法律标准的改善其或其家庭生活条件，并且需在销售日起 90 天内再投资该收益。如果再投资是在销售日后 12 个月内，资本利得税可以被退回。如果一部分资本利得用于上述目的，可按照比例得到税收抵免；

⑧两个自愿养老基金账户之间的资产转移取得的资本利得；

⑨中奖单笔额度最高 11344 第纳尔。

（2）减征个人所得税

纳税人自用的房产享受 50% 的不动产税减免，最高限额不可超过 20000 第纳尔。

（3）其他规定

对于非塞尔维亚籍个人，年收入低于当地平均工资六倍的，按照 10% 税率纳税，高于六倍的按 15% 税率缴纳。在此基础上，可按个人收入 60% 的基数纳税，家庭成员可按收入 85% 的基数纳税，但免税收入总体不超过个人应税收入的 50%。

5. 征收管理

（1）税务登记

根据塞尔维亚税管征收法，个人所得税的纳税人有义务根据规定及时提交税务登记申请。税务机关应给满足条件的税务登记的申请人提供登记证明。如果纳税人未能提交登记申请，税务机关应当依据职权，根据可获得的信息给纳税人分配一个纳税识别号。

（2）纳税申报

纳税年度与公历年度一样。

表 5—8　　　　　　　　塞尔维亚纳税申报方式比较

方式	适用范围	纳税申报表	税款缴纳
即赚即付的缴税原则	雇佣收入、不动产转让所得、租赁所得、中奖所得、保险所得和其他所得	—	在支付时由雇主或支付人进行代扣代缴

续表

方式	适用范围	纳税申报表	税款缴纳
自我评估制	支付方没有义务代扣代缴个人所得税	收到收入的30天内	纳税申报时缴纳税款
税务机关核定征收	补充年度所得税和一次性取得经营	补充年度所得税申报表必须于每年的5月15日之前提交	每年税务局出具纳税评估结果后缴纳,具体时间为税局出具评估结果的15天内。

对于非居民纳税人,在境内设立机构场所的,外国企业的常设机构需独立核算,其纳税方式可参照塞尔维亚居民企业纳税方式;非居民纳税人在境内未设立机构场所的,应指定税务代理人协助其进行纳税申报,在取得所得的15天内向税务机关提交纳税申报表,税务机关基于纳税申报表进行判定。如果非居民纳税人的所得已缴纳了预提税,则没有义务进行纳税申报,无须指定代理人。

(3) 税务检查

当纳税人未按期提交申报表,或税务机关在稽查中发现申报表缺失内容或填写不规范或存在其他重大税务问题,税务机关将在60天内出具对纳税人税额重新核定的报告结果。

(4) 法律责任

根据塞尔维亚税收征管法,个人纳税人不合规的纳税申报将面临不同程度的罚款。

如果纳税人自行核定了税额,但是未提交纳税申报表且未缴纳税款,罚款金额为欠税金额的20%至75%。罚款金额不低于400000第纳尔,不高于1000万第纳尔。

如果纳税人履行了纳税申报义务,但是未缴纳税款,罚款金额为欠税款金额的10%至50%。罚款金额不低于250000第纳尔,不高于1000万第纳尔。

如果纳税人未在规定时间内提交纳税申报表,或未自行核定税额,或未在规定期限内缴纳税款,罚款金额为欠税金额的30%至100%,罚款金额不低于500000第纳尔,不高于1000万第纳尔。

6. 境外所得的个税处理

根据塞尔维亚个人所得税法，塞尔维亚居民纳税人取得来源于境外的所得，有权利抵扣该所得在境外缴纳的税款，但抵扣限额不能超过该所得适用塞尔维亚国内税法下所缴纳的税额，如果存在税收协定的情况下，应适用协定条款规定的税收减免政策。

7. 其他个人所得税

（1）社会保障税

依据塞尔维亚强制性社会保险法律规定，塞尔维亚雇主应为员工缴纳社会保险，其中包括养老金与残疾保险、医疗保险及失业保险，由雇主为员工缴纳的社保比例为18.9%，雇员自行承担的社保比例为20.9%，由雇主代扣代缴，三项社保的计提比例分别为雇员工资的12%、6.15%和0.75%。

自雇人士需缴纳的社保包括养老金与残疾保险、医疗保险及失业保险，比例分别为26%、12.3%和1.5%，合计为39.8%，可选择以工资收入为基础缴纳也可选择以应税商业收入为基础缴纳。

外派人员的社保缴纳，若塞尔维亚与外派国有协议约定，则外派人员可不在塞尔维亚缴纳社保。

（2）继承税和赠予税

遗产税和赠予税的税率依据已故者（捐赠人）与财产受益人之间的关系确定。适用1.5%—2.5%的累进税率。

（3）不动产税

拥有房地产产权的个人和法律主体应缴纳不动产税，包括房屋、公寓、营业场所等建筑物，以及建筑用地、农业用地及森林用地等。

对房地产的"登记价值"征收房地产税，适用0.3%—2%的累进税率。《财产税法》中列明的财产转让适用2.5%的税率，即房地产、知识产权等的转让。

三 中国与塞尔维亚个人所得税的对比分析

(一) 中塞个人所得税纳税义务人的对比分析

表 5—9　　　　　　　　中塞纳税义务人比较分析

纳税义务人	界定 相同点	界定 不同点	征税范围
居民纳税人	时间标准相同，均以一个纳税年度是否住满183天为界	有住所	居民纳税人就全球所得纳税
非居民纳税人		有住所、营业中心或重大利益	非居民纳税人就本国所得纳税

(二) 中塞个人所得税税制模式的对比分析

中国和塞尔维亚个人所得税法均采取分类税制体系。在每一个类别下单独计算净所得，并计算相应的应纳税额。分类税制体系优点在于通过源泉扣缴的方法，一次性征收，降低征缴成本，因此征管十分方便；而且可以按照不同性质将所得分别课征，区别对待，以便贯彻一定的政策方针。其缺点在于，不能量能课税，无法有效贯彻税负公平的原则要求；且容易导致逃避税款等扭曲经济效率的行为。

塞尔维亚个人净所得除适用分类所得税制，还适用补充所得税制，即在一个公历年度结束时，居民纳税人对分类的各种净所得应汇总纳税。

（三）中塞个人所得税征收范围的对比分析

表 5—10　　　　　　　　中塞征收范围比较分析

征税范围				不征税范围
中国			塞尔维亚	塞尔维亚个人所得税法有明确规定，而中国个人所得税法只把少量涉及塞尔维亚不征税的项目纳入免征或者减征所得税项目，大多并没有涉及
相同点	综合所得	工资、薪金所得	对应	雇佣所得
		劳务报酬所得		独立劳务
		特许权使用费		特许权使用费收入
				营业收入
	经营所得			资本孳息
	利息、股息、红利所得			不动产所得
	财产租赁所得			其他所得中的出租动产收入
	财产转让所得			资本利得
	偶然所得			其他所得
不同点	1. 中国个人所得税中的稿酬所得在塞尔维亚个人所得税里没有明确规定 2. 塞尔维亚的汇总净所得超过三倍年平均工资，还需缴纳补充年度所得税，而中国不需要			

中国将少量塞尔维亚规定的不征税项目列入本国的免税项目，虽然都无须缴纳税款，但是免征和不征税有本质区别。所谓不征税，是根本不列入纳税范围，而免税是该所得还要征税，但予以免除，本质上属于税收优惠。仅从不征税项目来说，塞尔维亚涉及的都是未成年子女、学生、老年人、死亡家属和残疾人士等特殊人员，充分考虑了婚姻和家庭负担等因素，更好地保护了特殊人士的利益，较中国个人所得税法更具有社会主义人道精神。同时，也更好地发挥了个人所得税对收入调节的作用。

(四) 中塞个人所得税税率的对比分析

表 5—11　　　　　　　　　　中塞税率比较分析

	征税范围 （以中国名称为准）	税率	
		中国	塞尔维亚
不同点	工资、薪金所得	3%—45%的超额累进税率	20%的比例税率
	劳务报酬所得	20%的比例税率	—
	特许权使用费		
	稿酬所得		
	经营所得	5%—35%的超额累进税率	10%的比例税率
	利息、股息、红利所得	20%的比例税率	15%的比例税率
	补充年度所得税	—	10%—15%的超额累进税率
相同点	财产租赁所得	20%的比例税率	
	财产转让所得		
	偶然所得		

中塞两国均实行超额累进税率和比率税率。不同的是，对于超额累进税率来说，我国的税率涉及层次复杂，层级很多，分层标准以绝对金额为准。但塞尔维亚的超额累进税率只有两级，且以三倍和六倍的年平均工资收入为界。相比之下，塞尔维亚税率的设计更加实用和简单易懂，以年平均工资收入保障了税率在设计上的公平、合理，能在一定程度上激发了纳税人的纳税自觉性。对于比例税率来说，塞尔维亚比例税率的适用范围比中国更广，整体税率较低，税负较轻。

对于不同的征税项目来说，中国和塞尔维亚的财产租赁和转让所得、偶然所得均需缴纳20%的比例税率。利息、股息、红利所得在中国和塞尔维亚分别适用20%和15%的比例税率；区别最大的是综合所得和经营所得，中国适用不同的超额累进税率，塞尔维亚则选择不同的比例税率。在塞尔维亚，补充年度所得税适用于10%—15%的超额累进税率，而在中国没有开征补充年度所得税。

(五)中塞个人所得税费用扣除项目及标准的对比分析

中国和塞尔维亚个人所得税法律体系对各项所得的扣除方法与国际惯例一样,分别采用定额扣除和定率扣除的方法,对于取得收入的成本费用,两国一般均可扣除,比较简明易行。只是针对不同项目,两个国家分别有自己的扣除标准。

表5—12　　　　　　　　中塞费用扣除及标准比较

	费用扣除项目 (以中国名称为准)		费用扣除标准		备注
			中国	塞尔维亚	
不同点	工资、薪金所得	居民纳税人	专项扣除、专项附加扣除、依法确定的其他扣除额、每年60000元免征额	每月117900第纳尔	借调雇员不用扣除,直接以来源于塞尔维亚所得的10%纳税即可
		非居民纳税人	每月5000元	非借调雇员每月117900第纳尔	
	劳务报酬所得		20%的费用	与取得收入相关的成本费用	—
	特许权使用费				
	经营所得		与取得收入相关的成本费用		
	利息、股息、红利所得	利息收入	无扣除	买入价	
		股息收入		无扣除	
		雇员期权、利润分配的收入		分配给纳税人的财产份额	
		开放投资基金收入		无扣除	

续表

	费用扣除项目 （以中国名称为准）		费用扣除标准		备注
			中国	塞尔维亚	
相同点	财产租赁所得	每次≤4000	800	相关成本费用（不得超过毛收入20%）	
		每次>4000	20%成本费用		
	财产转让所得		财产原值和合理费用	买价	
	经营所得		与取得收入相关的成本费用		
	偶然扣除		无扣除		

在工资、薪金所得方面两国税法的规定有所不同。

首先，两国在扣除项目的具体规定上有些许差异。

第一，塞尔维亚的社会保险并不包括生育保险、工伤保险和住房公积金。

第二，对于塞尔维亚的税前扣除政策，中国有更严格的扣除规定：塞尔维亚中的维护费中国个人所得税不允许扣除，个人抵押贷款利息必须为住房贷款利息中国个人所得税才允许扣除，对于非商业捐赠，塞尔维亚允许全额扣除，中国则有扣除最大额限制。

其次，对于中国居民纳税人来说，扣除额的规定标准为年，中国和塞尔维亚的非居民纳税人和塞尔维亚的居民纳税人都以月为扣除标准，且在扣除额的规定上两国差异较大。

最后，塞尔维亚非居民纳税人借调雇员与非借调雇员扣除标准不同，而中国没有再作区分。

在劳务报酬、特许权使用费所得方面，中国采取的是定率扣除，塞尔维亚采取的是相关成本费用扣除，相比之下，塞尔维亚的扣除方法更具合理性。

在经营所得方面,两国均采用扣除成本费用的扣除方法。

在利息、股息、红利所得方面,中国个人所得税不允许扣除,要求全额纳税,塞尔维亚在利息收入和雇员期权、利润分配的收入允许扣除相应的项目。

在财产租赁方面,两国规定有较大差异。中国以 4000 元的收入为限,不超过 4000 元的定额扣除,超过 4000 元的定率扣除;塞尔维亚则允许扣除相关的成本费用,但对费用最大额有定率规定。并且,前述两个比率的基础并不相同,中国以费用为基础,塞尔维亚则以毛收入为基础。

在财产转让方面,两国都允许扣除以前的买价。但中国还允许扣除取得收入的合理费用。

在偶然所得方面,两国均要求全额纳税,无扣除,但对于塞尔维亚来说,除了偶然所得(博彩)来说,还包括个人保险所得、运动员所得等,塞尔维亚个人所得税法对这些所得的扣除有明确规定。

在其他方面,中国个人所得税中的稿酬收入允许扣除 30% 收入后计算所得税,而塞尔维亚对稿酬所得没有最明确规定。塞尔维亚对补充年度所得税扣除项目规定明确,而中国则无此征税项目。

(六)中塞个人所得税税收优惠政策的对比分析

1. 相同点

国债和国家发行的金融债券利息在中塞两国均属于免税所得。

2. 不同点

表5—13　　　　　　　　中塞税收优惠政策不同点分析

以中国税收优惠政策对比塞尔维亚			以塞尔维亚税收优惠政策对比中国
税收优惠政策	中国	塞尔维亚	
免税项目	①⑧⑨	未作明确规定	1. 塞尔维亚的免税所得大都属于资本利得，而中国的资本利得需要在收入的基础上扣除成本费用缴纳个人所得税 2. 塞尔维亚的免税所得有最高额限制，如①和⑦；在中国，凡属于免税项目，均可免征个人所得税 3. 彩票中奖的不同。在塞尔维亚，单次中奖收入不超过11344第纳尔可免税，在中国，彩票作为偶然所得，需全额纳税 4. 中塞两国对免征所得税规定的部分说法不同，如福利费和有组织的福利；保险赔款和产品保险赔款 5. 塞尔维亚对非塞尔维亚个人年收入纳税有税收优惠，中国则一视同仁
^	③	不征税②⑤⑥⑰	^
^	④	部分对应不征税⑨⑪	^
^	⑤	对应 不征税⑦	^
^	⑥	不征税①	^
^	⑦	未作明确规定	^
减税项目	①	部分对应不征税⑬⑭⑰⑱	^
^	②	不征税⑩	^
外籍个人所得税免税优惠特殊减免税政策	|| 未作明确规定	^

注：本表所涉及的序号对应前文相应内容序号。

（七）中塞个人所得税税收征管的对比分析

表5—14 中塞税收征管比较

	比较内容	中国		塞尔维亚
相同点	纳税年度	均与公历年度一致		
	纳税流程	两国均对个人所得税纳税登记和申报做了明确规定		
		两国的税务机关均可进行检查		
		两国对个人所得税的法律责任（罚款和滞纳金）罚款均作了明确规定。		
	申报方式	自行申报	对应	自我评估制
		代扣代缴		即赚即付的缴税原则
		核定征收		税务机关核定征收
不同点	缴税方式	不需要预提所得税		非居民纳税人需预提所得税
	纳税调整	有规定		无规定

在纳税流程方面，虽然两国均对个人所得税纳税登记和申报做了明确规定。但是中国只在特定7项情形下需要进行纳税申报，而塞尔维亚则规定所得税的纳税人均有义务根据规定及时提交税务登记申请。

两国个人所得税规定的税务检查的范围也不完全相同。

两国个人所得税法均规定个人一旦欠税，则需缴纳滞纳金或罚款。但滞纳金或滞罚款的金额不相同。中国以比例税率的方式，以天为计算单位计算滞纳金，而塞尔维亚则以比例税率的方式，但以欠款额为基础计算罚款，且有最低额和最高额限制，总体来说，塞尔维亚个人所得税法律责任更严格。

在申报方式方面，首先，申报方式虽然一样，但具体的使用范围有很大的区别。代扣代缴的方式主要适用于工资、薪金（雇佣）所得，但自行申报时，中国的个人所得税法做了量化的规定，如从中国境内两处取得薪金的；年收入超过12万元的需要自行申报缴纳税额。塞尔维亚的规定则相对笼统。核定征收的适用范围两国也不尽相同。其次，塞尔维亚非居民纳税人在境内未设立机构场所的，应指定税务代理人协助其进行纳税申报，中国则没有明确要求。

在纳税申报期限上，适用于核定征收时，两国居民均需在税务机关税局出具评估结果的15日内缴纳税款。对于不同征税范围，是否有无扣缴义务人，以及扣缴义务人没履行扣缴义务时的纳税期限，中国个人所得税法都做了明确而详细的规定，而塞尔维亚在这方面的规定则相对缺失。

总体来说，两国对个人所得税的征收管理都有详细的规定，由于两国均采用分类税制，两国的大方向都是一样的，尤其是都主要采用支付方代扣代缴的源泉控管方式。但对于细节性和较零散的东西，如税款缴纳期限、滞纳金或罚金比例等，两国的个人所得税法也有较大出入。当然，这毕竟是两个不同的国家，有着不同的发展历史、国情、人口环境和经济发展情况，具体规定存在很大不同也很正常。

（八）中塞个人所得税境外所得的对比分析

根据中国和塞尔维亚个人所得税法，两国居民纳税人取得来源于境外的所得，均有权利抵扣该所得在境外缴纳的税款，但抵扣限额不能超过该所得适用本国国内税法下所缴纳的税额。

随着全球化的深入发展和"一带一路"建设的不断推进，两国的税法也在不断协调趋同发展。通过前述的对比分析可以看出，两国个人所得税法并无本质上的差异，两国最大的个人所得税的税法差异是塞尔维亚需在公历年度结束之后加征年度所得附加税：即每一个类别的净所得，在扣除了分类个人所得税和社会保障金之后，相加总和超过某个具体数值，以应税所得扣减两项标准津贴适用10%和15%累进税率加征年度个人所得税。由于我国个人所得税大部分来源于工薪阶层，出现中低收入工薪阶层不是个人所得税要调节对象，却成为征税的主体。并且随着经济的发展，高收入群体的收入渠道必将越来越多，收入也会越来越多，却容易偷漏税。在这种情况下，塞尔维亚补征年度个人所得税更显税法调节的作用，保障了低收入者的利益，确保了税收公平，体现了税收"取之于民，用之于民"的特点。

四 中国与塞尔维亚个人所得税差异协同研究

(一) 完善两国税制，适应"一带一路"发展要求

1. 全面预防跨境偷避税

由于中塞两国之间制定的税收政策、税收制度、经济政策和经济制度并不相同，信息沟通机制不完善，这就使得不少国外投资者会充分利用真实有效数据来躲避赋税。仅仅依靠我国税务机关来防止企业偷税避税势单力薄，所以中塞双方应当建立资料的共享机制，同时引入情报交换、强制披露、加强税收监管等方法，预防跨境偷避税发生。

我国在税收协定中引入情报交换制度方面做了大量实践。我国与54个国家签订的税收协定都规定了情报交换制度。2013年8月27日，我国签署了《多边税收征管互助公约》，2016年2月1日生效，2017年1月1日正式执行。与"一带一路"沿线24个国家签署了《公约》，在该文件中提出，可通过文书送达协助、税收追缴协助、税收情报交换三种方式来实现税收征管互助。缔约国双方的情报互换主要分为专项情报交换、自发情报交换、自动情报交换、同期税务检查和境外税务稽查等几种形式。自动情报交换可将纳税人的收入情况（如：利息、股息、工资、养老金等）系统地提供给申请国。我国也在G20峰会上的承诺对外交换非居民金融账户涉税信息，并已从2018年9月全面实现，更加全面地提升税收透明度，能有效地防止和打击偷、避税款。

建立中塞两国纳税情报网络，收集两个国家的市场信息、贸易信息、税收征管信息和税收政策信息，并且将这些信息汇总起来建立信息数据库。信息库的内容和数据实现共享。同时加强地区之间、国地税之间、相关部门之间的情报交流交换，促进部门协作，顺利开展税收情报交换工作。国际税收情报交换必须建立在互利合作的基础之上，中塞双方应当建立双边合作机制，通过多种途径来实现国际情报交换，才能进一步解决问题。

所谓建立强制披露机制，就是要通过事前审查的方式来规避避税行为。税务机关要求税收筹划方或纳税人必须披露税务筹划安排和交易细

节，并且必须在税务筹划安排实施之前就做好相关信息的披露工作。然后，税务机关应准确评估税收征管风险。一旦税务机关发现税收披露的信息存在隐瞒或虚假问题或者税款不能征收时，税务机关就应该给予其严厉的警告，拒绝该税务筹划行为，减少避税行为的发生。

2. 减少国际重复征税

非居民个人在进行境外投资经营时，势必导致各国税收管辖权的重叠和交叉，导致国际重复征税问题。因此，建立一套完善的消除国际重复征税的税收政策，可以消除中国对外投资者的疑虑，加大中国对塞尔维亚的投资，促进两国的共同发展，也能使保障我国居民在跨国经营过程中的实现税负公平，是各国制定境外投资经营税收政策的重要内容。中塞两国要加强经济合作，积极调整对境外所得的抵免制度，消除重复征税。在直接抵免方面，我国可以借鉴发达国家综合限额抵免法的方式，适时改革现有的分国限额抵免法。当前世界经济一体化进程速度越来越快，我国会有越来越多的个人进行全球范围的投资，实行综合限额抵免法，而不选择分国限额抵免法，可以使对外投资个人的企业的亏损和境外收益相互冲抵，在计算总体抵免限额时，可以为本国纳税人带来一定的税收优惠。我国也可以采用综合限额抵免法和分国限额抵免法选择制，可以允许纳税人自助选择其中一种抵免办法，并保持一定时期。另外，当我国经济发展达到一定程度时，我国可以考虑实行免税法，可以选择在一些特殊重点，比如基础设施建设和能源行业进行小范围试点。这种做法，不仅可以体现国家政策的倾向性，而且可以鼓励我国个人投资的资金流向这些企业，还能从根本上解决重复征税问题。

适时签订税收饶让条款。增加税收协定中税收饶让抵免条款的签署，同时扩大签订饶让抵免的税收规定范围，修改删除不合理的饶让条件。签订饶让抵免条款时也要与我国国内相关法律的条款相结合，使税收协定条款与我国税法相互融通。建立一套适用我国国情的税收饶让系统，建立合理的评估体系，使税收饶让政策真正优惠我国对外投资个人。同时注意增加协定反滥用条款，维护国家税收权益。

3. 合理降低个人所得税税负

随着"一带一路"建设的深入推进，我国居民的投资更多地集中在能源、铁路等基础设施建设和重点产业上，而基础设施建设和重点直接关系到国家的发展。所以，政府要大力引导支持这些投资者，加大扶持力度，对于投资者提供的独立劳务所得的个人所得税，进行适当减免，扩大优惠的范围，通过加速折旧、提取准备金、费用加计扣除等方式降低应税利润。对于补充年度所得税，可以通过提高免征额或者降低税率来降低税负，同时准许延期纳税，将税收优惠政策不断地从税率、税基的优惠扩展到纳税申报。

由于直接优惠措施会使投资者在受资国税收抵免政策中受到制约，其吸引外资的作用会有所减弱。所以，中塞两国都应该学习发达国家的做法，适时改革当前涉外税收优惠政策，加大对间接优惠的力度，对于工资、薪金所得，领年薪变领月薪；一次性支付费用变为多次支付，多次领取，分次申报；对于劳动报酬收入，可通过雇主向纳税人提供餐饮、交通来抵消一部分劳务报酬；运用薪酬激励方式和理财产品进行合法和合理避税，从而降低个人所得税税负。

（二）强化税收协定作用，提升国际话语权

1. 加强沟通，促进税收协定的谈签、修订和宣传工作

中塞两国都非常重视同对方等传统友好国家发展双边关系。中塞两国应当在拥有相同的价值观的条件和互利的基础上，进一步发展两国的双边关系。此时就要依靠税收协定来保障。

1997年3月1日，《中华人民共和国政府和南斯拉夫联盟共和国联盟政府关于对所得和财产避免双重征税的协定》在南斯拉夫首都贝尔格莱德签订，中华人民共和国代表陈新华和南斯拉夫联盟共和国联盟政府代表德·武契尼奇分别代表各自政府签署了该协定（该协定适用于中国和塞尔维亚）。但是这个协定签订的时间比较早，随着两国经济的快速发展，应该尽早剔除掉过时内容，补充新内容。不仅让税收协定内容健全，而且协定条款付定尽可能完善、规范。况且个人所得的范围越来越大，形式也越来越多样，仅仅规范个人所得适用于税收协定早已不够，更多的是协调两国不同种类下的个人所得税如何适用税收协定。再者，在20世纪八九十年代的税收协议中，我国居民投资企业的"常设机构"的认定标准以6个月为限，那时我国主要是吸引投资，认定期短，对于我国有利。现在我国是资本输出大国，基础设施和能源建设的比重越来越大，

由于地位的变化,"常设机构"认定应偏向于尽量争取延长判定期。最后,我国要不断加强对税收协议的宣传工作,宣传税收法律法规、办税程序及所在国的税收政策以及纳税人的权利和义务。对税收协议中的最新变化,应该及时通过传单、税收门户网站等途径让企业了解并掌握。让税收协定发挥其应有的作用,而不是一纸空文,普惠我国对塞投资人员。同时,也要注重反滥用税收协定。

2. 引入并完善税收协调规定和仲裁条款

完善税收协调规定,一是充分利用现有合作平台,推动中塞多层次、差异化的税收协调与合作。利用现有的各种区域合作平台,主要是针对个人所得税的现存差异,提升个税的协调能力;利用《多边税收征管互助公约》、税收情报交换协议等合作平台,加强税收情报交换和征管合作;利用现有多边合作机制,加强中塞两国的沟通,扩大中塞个人所得税合作方面的深度与广度,以此带动税收协调向更高层次发展。二是以问题、需求为导向,创新税收协调方式。中塞两国应基于两国的个税税收差异点,从实际需要和实际问题出发,探索各种新的个税协调方式,围绕具体的个人所得涉税问题谈签协调方案。譬如说围绕相同征税范围的税收优惠、我国对外投资者投资涉税问题协调和税收征管合作等。三是逐步建立与完善税收协调机制。协商制定税收协调的法律框架,为税收协调奠定法律基础;成立税收协调机构,包括税收协调的执行机构(负责税收协调方案的起草、组织磋商和通过税收协调措施并负责监督实施)、研究机构(如专家组等,负责税收协调专项问题的调查研究,提出税收协调的建议或草案,组织税收专业论坛等)和仲裁机构(负责税收纠纷的裁决),为税收协调机制提供组织保障;建立税收利益补偿机制,对中塞税收协调过程中产生的利益不均衡进行再协调;建立税收争端解决机制和共同协商程序,为税收协调措施的顺利实施提供法律保障;积极组织税收专家对税收政策协调问题进行研究,对我国的税收协调改革提出建议,在此基础上对重大的税收协调问题达成共识。

从长远来看,在国际税收协定争议中,争议双方可以首先启动相互协商程序,根据相互协商程序中的条款,缔约国双方的税务当局可以通过相互协商的方式来解决税收协定争议。但是需要两年的时间,如果争议还没有解决,才能采取进一步措施。对于经济快速发展和投资越来多的今天，两年的协商期未免过长了。OECD 2008 年税收协定范本，首次列入了强制性仲裁条款，为解决国际税收争端开辟了新途径。强制仲裁条款作为相互协商程序的补充，已经得到国际社会上许多国家的认可。为了切实解决税收协定争议，中国在和塞尔维亚补充完善新的税收协定时，有必要引入强制仲裁条款。由于中国对塞投资居民众多，涉及的纳税问题很多，尤其以对外投资者的雇佣所得、独立劳务所得和资本孳息的个人所得税更为突出。相比于相互协商程序而言，强制性条款考虑了对外投资者的利益，纳税人通过强制仲裁程序能够掌握主动权和话语权，极大地缩短了争端解决期，更好地维护了自己的合法权益。因此，中国有必要在税收协定纳入强制仲裁条款。

2018 年 7 月 1 日，应对税基侵蚀和利润转移（BEPS）生效，我国应充分抓住这个机会，同步更新我国与塞尔维亚的税收协定，灵活合理运用其强制仲裁中的程序、时间安排和成本等具体规定，以实施和落实税收协定相关的 BEPS 行动建议。保障我国居民在塞尔维亚缴纳个人所得税的公平性与确定性。

（三）加强税收征管，优化纳税服务

1. 以纳税人为本，消除两国差别待遇

中塞两国各级税收部门的工作人员，要意识到税收部门是国家提供公共服务的部门，提供的产品是税收服务，税收服务是税收部门的基本职责，税务部门的工作人员一定要做好。因此，我国税收部门的工作人员要以"建立服务型政府"为宗旨，以纳税人为本，不断更新观念，不断提高对税收服务的认识，努力将"管理型"模式转变为"服务型"模式，由原来的"管理型"税收转变为"服务型"的税收。

对于中塞两国，无论是来中国的塞尔维亚人民，还是去塞尔维亚的中国人员，都要当作本国人员，一视同仁。在纳税流程方面，绝不能因为语言不通、流程复杂等原因而对非本国籍人员有丝毫的怠慢；在税款金额方面，塞尔维亚应该遵守于 1997 年协定的无差别待遇条款，尤其是国民无差别待遇和间接投资无差别待遇原则，即我国国民在塞投资应与塞尔维亚国民在相同情况下负担的税收相同或更轻，以及我国投资个人向塞尔维亚企业提供贷款或特许权取得的利息、特许权使用费或其他类似款项，在计算个人所得税的应纳税所得额时，应将对我国个人收到的利息额与塞尔维亚居民的利息额使用统一标准进行征税。

2. 建立境外税务管理机构

随着境外税收征管业务的增加，税收征管和服务的内容要从纯境内业务向境内、境外业务并重转变，同时要从人力、机构、制度上为加强境外税收业务管理提供条件。即：培养涉外业务人才；成立境外税务管理机构，包括税收情报管理机构，负责境内税收情报的收集、传递和境外税收情报的归集、分析和使用；完善法律、法规，建立境外税务管理制度，包括建立和完善境外个人投资经营专项税务登记制度，健全境外个人所得专项申报制度，个人投资企业的境外账簿、凭证管理制度，境外税源分析评估制度等。同时，加强国外税制发展的动态跟踪研究和资料收集，为提供优质服务奠定基础。

3. 统一税收征管流程，减少纳税风险

前文已经论述，在个人所得税税收征管方面，虽然中塞两国整体方向一样，但对于纳税期限、纳税申报等一些细枝末节的税收征管流程，两国仍然存在较大差异。随着赴塞投资的中国人员数量快速增长，征管流程不统一而带来的不必要的纳税潜在风险越来越突出，严重阻碍了中塞两国的人才交流和对塞投资的积极性。具体风险如下：

其一，信息报告风险：登记制度、财务报告制度和税务报告制度。

其二，个人所得税纳税申报风险。

其三，享受税收协定待遇风险：未正确使用税收协定的风险、滥用税收协定的风险。

由于本国居民对本国税法的惯性思维和对缔约国税法的不熟悉，导致对外投资的中国个人在无意识中违反了塞尔维亚的税法规定，不仅会面临不菲的滞纳金和罚金，还有可能造成违法停留，严重损害了个人利益。这时，如果中塞两国能加强沟通与合作，统一纳税流程，尽可能消除两国在税收征管上不一致的点，消除不了的为其寻找一个平衡点，给予对塞投资人员一个新的税法适应期，尽可能提供税法服务，则会大大减少纳税风险，这不仅有利于两国税法的统一协调发展，更加强了两国的经济合作，促进了两国关系健康平稳有序地发展。

4. 搭建税收服务信息共享平台

税收服务信息共享平台是税收部门提高服务效率非常重要的一个途径，通过现代科技和信息技术，可以达到提高税收服务，推动税收服务优化的目的。一是整合软件，在完善两国税制、修改税收协定的进程中，两国各级税收部门应以税收信息一体化的战略思想为指导，整合并升级现有软件系统，囊括两国所有与个人所得税相关的信息，推行统一的、配备中文、塞尔维亚语和英语三种官方语言的软件系统，满足不同国家使用者的需求。在两国税务系统均推行同一套系统，可以达到网络互联和信息共享的目的，从而最大限度地消除信息孤岛。二是建立统一税源数据库。通过建立中塞两国统一的税源数据库，对两国个人所得税纳税人基本资料实行统一存储，这样不仅可以实现信息共享，也方便两国税务部门查询和提供服务。三是完善税收部门网站建设。税务部门网站不仅是税收新闻和信息的推送平台，更是税务部门与纳税人交流的平台。可以在税务局上建立塞尔维亚个人所得税的专门网页，进行线上税务咨询、申报纳税、宣传辅导等服务内容，加强与纳税人的交流。同时还应该大力发展网上申报业务，既可以提高税务部门的税收征管效率，又可以为纳税人提供更加便捷的纳税方式。

第六章

中国与塞尔维亚其他税费对比分析

一 中国与塞尔维亚消费税对比分析

(一) 中国消费税总体分析

1. 中国消费税的总体沿革

我国现行消费税是对在我国境内从事生产、委托加工和进口应税消费品的单位和个人就其应税消费品征收的一种税。国务院于1993年11月26日发布了《中华人民共和国消费税暂行条例》，同年12月25日财政部颁布了《中华人民共和国消费税暂行条例实施细则》，并于1994年1月1日起开始施行。2006年，为进一步限制高档消费品的消费，保护自然资源和环境，对消费税的税目、税率及相关政策进行了调整，此次政策调整也是1994年税制改革以来消费税规模最大的一次调整。2008年和2009年，我国首先对一部分乘用车的消费税率进行了适当的提高，然后又对成品油的税费进行了相应调整。2015年，我国又增加了一个消费税税目即涂料。截至2016年，我国消费税的征收税目增加到15个。消费税的开征，既是我国税制进行整体性、全面性和结构性改革的组成部分，也是流转税制改革的重要内容之一。

2. 中国现行消费税

(1) 消费税的纳税人

在中华人民共和国境内生产、委托加工和进口应税消费品的单位和个人，以及国务院确定的销售《消费税暂行条例》规定的应税消费品的其他单位和个人，为消费税的纳税义务人。所谓的"在中华人民共和国境内",是指生产、委托加工和进口属于应当缴纳消费税的消费品（简称应税消费品）的起运地或所在地在境内。

消费税的纳税人具体包括表6—1中的几个方面：

表6—1　　　　　　　　　消费税的纳税人

生产（含视为生产行为）应税消费品的单位和个人	自产销售
	自产自用
进口应税消费品的单位和个人	
委托加工应税消费品的单位和个人	
零售超豪华小汽车、金银首饰（含铂金）、钻石、钻石饰品的单位和个人	
从事卷烟批发业务的单位和个人	

（2）消费税的税目

现行消费税的征收范围主要包括：烟、酒、鞭炮、焰火、化妆品、成品油、贵重首饰及珠宝玉石、高尔夫球及球具、高档手表、游艇、木制一次性筷子、实木地板、摩托车、小汽车、电池、涂料等税目，有的税目还进一步划分若干子目。

（3）消费税的税率

消费税采用比例税率和定额税率两种形式，以适应不同应税消费品的实际情况。消费税根据不同的税目或子目确定相应的税率或单位税额。大部分应税消费品适用比例税率，例如，烟丝税率为30%，摩托车税率为3%等；黄酒、啤酒、成品油按单位重量或单位体积确定单位税额；卷烟、白酒采用比例税率和定额税率双重征收形式。

表6—2　　　　　　　消费税税目、税率（额）表

税目	税率（额）
一　烟	
1. 卷烟	
（1）甲类卷烟（生产或进口环节）	56%加0.003元/支
（2）乙类卷烟（生产或进口环节）	36%加0.003元/支
（3）批发环节	11%加0.005元/支

续表

税目	税率（额）
2. 雪茄烟	36%
3. 烟丝	30%
二　酒	
1. 白酒	20%加0.5元/500克（或者500毫升）
2. 黄酒	
3. 啤酒	240元/吨
（1）甲类啤酒	250元/吨
（2）乙类啤酒	220元/吨
4. 其他酒	10%
三　高档化妆品	15%
四　贵重首饰及珠宝玉石	
1. 金银首饰、铂金首饰和钻石及钻石饰品	5%
2. 其他贵重首饰和珠宝玉石	10%
五　鞭炮、焰火	15%
六　摩托车	
1. 气缸容量为250毫升的	3%
2. 气缸容量为250毫升以上的	10%
七　成品油	
1. 汽油	1.52元/升
2. 柴油	1.2元/升
3. 航空煤油	1.2元/升
4. 石脑油	1.52元/升
5. 溶剂油	1.52元/升
6. 润滑油	1.52元/升
7. 燃料油	1.2元/升
八　小汽车	
1. 乘用车	
（1）气缸容量（排气量，下同）在1.0升（含1.0升）以下的	1%
（2）气缸容量在1.0升以上至1.5升（含1.5升）的	3%
（3）气缸容量在1.5升以上至2.0升（含2.0升）的	5%

续表

税目	税率（额）
（4）气缸容量在2.0升以上至2.5升（含2.5升）的	9%
（5）气缸容量在2.5升以上至3.0升（含3.0升）的	12%
（6）气缸容量在3.0升以上至4.0升（含4.0升）的	25%
（7）气缸容量在4.0升以上的	40%
2. 中轻型商用客车	5%
3. 超豪华小汽车（零售环节）	10%
九　高尔夫球及球具	10%
十　高档手表	20%
十一　游艇	10%
十二　木质一次性筷子	5%
十三　实木地板	5%
十四　电池	4%
十五　涂料	4%

（4）消费税的优惠政策

纳税人出口的应税消费品可以免征消费税，但是国家限制出口的产品除外。

①生产企业自营出口和委托外贸企业代理出口的应税消费品，可以按照其实际出口数量和金额免征消费税。

②来料加工复出口的应税消费品，可以免征消费税。

③国家特准可以退还或者免征消费税的消费品主要有：对外承包工程公司运出中国境外，用于对外承包项目的；企业在国内采购以后运出境外，作为境外投资的；利用中国政府的援外优惠贷款和援外合资合作项目基金方式出口的；对外补偿贸易、易货贸易、小额贸易出口的；外轮供应公司、远洋运输供应公司销售给外轮和远洋国轮，并收取外汇的；对外承接修理、修配业务的企业用于所承接的修理、修配业务的；保税区内的企业从保税区外有进出口经营权的企业购进应税消费品，用于出口或者加工以后出口的；经国务院批准设立，享有进出口经营权的中外合资商业企业收购自营出口的中国生产的应税消费品；外商投资企业经省级外经贸主管部门批准收购应税消费品出口的；委托其他企业加工回

收以后出口的应税消费品；外国驻华使馆、领事馆及其有关人员购买的列名的中国生产的应税消费品。

④外商投资企业以来料加工、进料加工贸易方式进口的应税消费品，可以免征进口环节的消费税。

⑤子午线轮胎可以免征消费税，翻新轮胎不征收消费税。

⑥边境居民通过互市贸易进口规定范围以内的生活用品，每人每日价值人民币 8000 元以下的部分，可以免征进口环节的消费税。

⑦外国政府、国际组织无偿赠送的进口物资，可以免征进口环节的消费税。

⑧成品油生产企业在生产成品油过程中作为燃料、动力和原料消耗的自产成品油，用外购和委托加工回收的已税汽油生产的乙醇汽油，利用废弃动植物油脂生产的纯生物柴油，可以免征消费税。

⑨航空煤油暂缓征收消费税。

⑩纳税人销售的应税消费品，由于质量等原因由购买者退回的时候，经机构所在地或者居住地税务机关审核批准，可以退还已经缴纳的消费税。

（二）塞尔维亚消费税总体分析

1. 塞尔维亚消费税的总体沿革

塞尔维亚在 2015 年 4 月开始对电力征收消费税，家庭用电价格上涨了约 15%。

2. 塞尔维亚现行消费税

根据塞尔维亚消费税法，对以下产品的生产商和进口商征收消费税：石油衍生品、生物燃料和生物燃油、烟草制品、电力、酒精饮料和咖啡等。

二　中国与塞尔维亚环境税对比分析

（一）中国环境税总体分析

1. 中国环境税的总体沿革

环境保护税法是指国家制定的调整环境保护税征收与缴纳相关权利

及义务关系的法律规范。现行环境保护税法的基本规范包括2016年12月25日第十二届全国人民代表大会常务委员会第二十五次会议通过的《中华人民共和国环境保护税法》（以下简称《环境保护税法》）、2017年12月30日国务院发布的《中华人民共和国环境保护税法实施条例》等。《环境保护税法》自2018年1月1日起实施，同时停征排污费。

2. 中国现行环境税

（1）环境税的纳税人

在中华人民共和国领域和中华人民共和国管辖的其他海域，直接向环境排放应税污染物（所称应税污染物，是指《环境保护税税目税额表》《应税污染物和当量值表》规定的大气污染物、水污染物、固体废物和噪声）的企业事业单位和其他生产经营者为环境保护税的纳税人，应当依法缴纳环境保护税。

中华人民共和国领域和中华人民共和国管辖的其他海域直接向环境排放应税污染物的企业事业单位和其他生产经营者下列情形之一的，不属于直接向环境排放污染物，不缴纳相应污染物的环境保护税：①企业事业单位和其他生产经营者向依法设立的污水集中处理、生活垃圾集中处理场所排放应税污染物的。②企业事业单位和其他生产经营者在符合国家和地方环境保护标准的设施、场所贮存或者处置固体废物的。③达到省级人民政府确定的规模标准并且有污染物排放口的畜禽养殖场，应当依法缴纳环境保护税，但依法对畜禽养殖废弃物进行综合利用和无害化处理的。

（2）环境税的税目

环境保护税税目包括：大气污染物、水污染物、固体废物和噪声4大类，采用定额税率。固体废物和噪声的税额标准是全国统一的。应税大气污染物和水污染物的具体适用税额的确定和调整，由省、自治区、直辖市人民政府统筹考虑本地区环境承载能力、污染物排放现状和经济社会生态发展目标要求，在本法所附《环境保护税税目税额表》规定的税额幅度内提出，报同级人民代表大会常务委员会决定，并报全国人民代表大会常务委员会和国务院备案。

（3）环境税的税率

表 6—3　　　　　　　　环境保护税税目税额表

税目		计税单位	税额	备注
大气污染物		每污染当量	1.2—12 元	
水污染物		每污染当量	1.4—14 元	
固体废物	煤矸石	每吨	5 元	
	尾矿	每吨	15 元	
	危险废物	每吨	1000 元	
	冶炼渣、粉煤灰、炉渣、其他固体废物（含半固态、液态废物）	每吨	25 元	
噪声	工业噪声	超标 1—3 分贝	每月 350 元	1. 一个单位边界上有多处噪声超标，根据最高一处超标声级计算应纳税额；当沿边界长度超过 100 米有两处以上噪声超标，按照两个单位计算应纳税额 2. 一个单位有不同地点作业场所的，应当分别计算应纳税额，合并计征 3. 昼、夜均超标的环境噪声，昼、夜分别计算应纳税额，累计计征 4. 声源一个月内超标不足 15 天的，减半计算应纳税额 5. 夜间频繁突发和夜间偶然突发厂界超标噪声，按等效声级和峰值噪声两种指标中超标分贝值高的一项计算应纳税额
		超标 4—6 分贝	每月 700 元	
		超标 7—9 分贝	每月 1400 元	
		超标 10—12 分贝	每月 2800 元	
		超标 13—15 分贝	每月 5600 元	
		超标 16 分贝以上	每月 11200 元	

（4）环境税的税收减免

下列情形，暂予免征环境保护税：

①农业生产（不包括规模化养殖）排放应税污染物的；

②机动车、铁路机车、非道路移动机械、船舶和航空器等流动污染源排放应税污染物的；

③依法设立的城乡污水集中处理、生活垃圾集中处理场所排放相应应税污染物，不超过国家和地方规定的排放标准的；

④纳税人综合利用的固体废物，符合国家和地方环境保护标准的；

⑤国务院批准免税的其他情形，由国务院报全国人民代表大会常务委员会备案。

纳税人排放应税大气污染物或者水污染物的浓度值低于国家和地方规定的污染物排放标准30%的，减按75%征收环境保护税。纳税人排放应税大气污染物或者水污染物的浓度值低于国家和地方规定的污染物排放标准50%的，减按50%征收环境保护税。

（二）塞尔维亚环境税总体分析

1. 塞尔维亚现行环境税

（1）环境税的纳税人

塞尔维亚当地政府对以下企业和个人征收环境保护及改善费用：

①利用公寓、营业场所、土地从事营业活动的业主或承租人；

②对环境有破坏的法律实体和企业家；

③从事运输石油和石油衍生物、原材料、化工产品和中间化学产品及其他危险品的卡车所有者。

（2）环境税的税目

环境污染税是对污染环境者征收，环境污染者通过以下方式污染环境：

①来自污染源的排放；②生产或储存的垃圾；③破坏臭氧层的物质；④聚乙烯塑料袋。

（3）环境税的税率

环境保护及改善费用适用的最大税率是：商业用房每平方米2.64第纳尔，公寓每平方米0.87第纳尔；非环保企业销售原材料、原材料中间产品的年收益0.4%；运输的石油、石油衍生物或其他危险物品每吨100第纳尔。

三 中国与塞尔维亚地方公众设施费用对比分析

（一）中国地方公共设施费用总体分析

中国目前尚未征收地方公共设施费用。

（二）塞尔维亚地方公共设施费用总体分析

地方公共设施费是专门针对特定商业活动征收的费用。特定商业活动包括使用公共场所用于经营、赌博机维护、广告牌使用、占用公共空间进行建筑工程活动及建筑材料的存放。地方公共设施费是对地方范围的公司总部及运营部门征收的费用。小型法律实体和创业企业可以免征公共设施费用。新成立的特定行业实体及从事石油衍生品、烟草制品和水泥生产的实体，依据集团所在不同行业和地区，在企业注册成立年度按照小型实体适用的税率征税。

四 中国与塞尔维亚不动产税对比分析

物业是房地产"不动产"的别称，不动产税即指物业税。不动产税属于持有税，主要针对土地、房屋等不动产，要求其承租人或所有者每年都要缴付一定税款，而应缴纳的税值会随着其市值的升高而升高。有的国家称"不动产税"，如奥地利、波兰、荷属安的列斯；有的称"财产税"，如德国、美国、智利等；有的称"地方税"或"差饷"，如新西兰、英国、马来西亚等；中国香港则直接称"物业税"。虽然名称不同，但内容基本一致：一是房产、土地合一，适用统一的不动产税；二是征税范围既包括城镇，也包括农村；三是按评估价值征税。不动产税和所得税、增值税一起被称为国际通行的三大主力税种。

（一）中国不动产税总体分析

中国目前尚未征收不动产税。但是国家税务总局专家已有发言，在不久的将来，将对对被继承人死亡时遗留的个人合法财产，包括动产、不动产和其他一切有财产价值的财产权利以及被继承人死亡前规定年限内赠予他人的财产征收遗产税。

(二) 塞尔维亚不动产税总体分析

拥有房地产产权的个人和法律主体应缴纳不动产税，包括房屋、公寓、营业场所等建筑物，以及建筑用地、农业用地及森林用地等。对房地产的"登记价值"征收房地产税，适用0.3%—2%的累进税率。《财产税法》中列明的财产转让适用2.5%的税率，即房地产、知识产权等的转让。

不动产税，针对遵循国际会计准则 IAS 和 IFRS 公允价值会计准则的纳税人，塞尔维亚政府对位于其境内的房地产征收不高于上年度12月31日房地产公允市价0.4%的不动产税。

五 中国与塞尔维亚社会保障税对比分析

(一) 中国社会保障税总体分析

1. 中国社会保障税概述

社会保障税也称"社会保险税"，主要是指以企业的工资支付额为课征对象，由雇员和雇主分别缴纳，税款主要用于各种社会福利开支的一种目的税。在税率方面，一般实行比例税率，雇主和雇员各负担50%。凡是在征税国就业的雇主和雇员，不论国籍和居住地何在，都要在该国承担社会保障纳税义务。

2. 中国社会保障税沿革史

社会保障税起源于美国。1935年，在罗斯福总统的领导和主持下，美国通过了历史上第一部社会保障法典——《社会保障法》。

中国关于"开征社会保障税"提法早在1996年已经出现。在当年国民经济和社会发展"九五"计划和2010年远景目标纲要中提出，要逐步开征社会保障税。2010年4月1日，中华人民共和国财政部部长谢旭人在《求是》发文提出"完善社会保障筹资形式与提高统筹级次相配合，研究开征社会保障税"。

在发达国家和大部分发展中国家，普遍设有社会保障税这一税种，以征收社会保障税的方式筹集社保资金，并在全国范围内统筹。而中国的养老、医疗和失业等社会保障，主要是以收取社会保险费的形式构成社保基金，大多是在省一级统筹。因为各省自己分别在做，筹集和发放的标准也不一样。如果按社会保障税筹集资金，就要全国统筹。

3. 中国社会保障税特点

社会保障税作为一种特殊形式的所得税，其税收收入专门用于社会福利、保障等支出，与一般税相比，具有三个主要特点：

其一，累退性。社会保障税采用比例税率，一般没有扣除额和免征额，同时规定有课税上限，也不考虑纳税家庭人口的多寡和其他特殊情况，而具有强烈的累退性。

其二，有偿性。社会保障税一般由政府成立的专门基金会管理，指定用途，专款专用，因而带有有偿性质。

其三，内在灵活性。社会保障税的支出同一定时期的经济形势紧密相关，当经济繁荣时，失业率下降，社会保障支出，特别是失业救济支出减少，有利于抑制社会总需求；反之，当经济衰退时，失业率上升，社会保障支出，特别是失业救济支出增加，有利于刺激社会总需求，所以说社会保障税及其社会保障制度具有内在灵活性特点，它与所得税相配合，可以起到对经济的自动稳定作用。

4. 中国社会保障税征税范围

社会保障税的课税范围通常是参加本国社会保险，并存在雇佣关系的雇主和雇员在本国支付和取得的工资，薪金及不存在雇佣关系的自营业主的所得，雇主和雇员的纳税义务一般以境内就业为标准，即凡在征税国境内就业的雇主和雇员，不论国籍和居住地何在，都必须在该国承担社会保险纳税义务。而对于本国居民为本国居民雇主雇佣但在国外工作取得的工资、薪金，则除个别国家外一般不列入课税范围。

5. 中国社会保障税征税对象

与社会保障税的课税范围相适应，其课税对象主要是雇主支付的工资薪金额、雇员取得的工薪收入额及自营业主的事业纯收益额。在具体实施中，①课税对象不包括纳税人工资薪金以外的其他收入，即不包括由雇主和雇员工资薪金以外的投资所得、资本利得等所得项目，但作为税基的工资薪金既包括由雇主支付的现金，还包括具有工资薪金性质的实物性及其他等价物的收入；②应税工资薪金通常规定最高限额，超过部分不缴纳社会保险税；③一般不规定个人宽免额和扣除额。因为社会保险税实行专税专用原则，筹集的保险基金将全部返还给纳税人。

6. 中国社会保障税税率

大多数发达国家社会保险税实行分项比例税率，针对退休、失业、伤残、医疗等具体项目需要的社会保险支出量，规定高低不等的差别比例税率。但也有少数国家，如英国采用多种税率形式并举的制度。

7. 中国社会保障税征收方法

由于社会保险税主要纳税人为雇主和雇员，因而雇员税款大多实行源泉扣缴法，即由雇员所在公司负责扣缴，雇主应纳的税款由公司直接缴纳；而对于自营业主及其社会成员应纳的社会保险税，则实行纳税人自行申报缴纳的方法。

（二）塞尔维亚社会保障税总体分析

依据塞尔维亚强制性社会保险法律规定，塞尔维亚雇主应为员工缴纳社会保险，其中包括养老金与残疾保险、医疗保险及失业保险，由雇主为员工缴纳的社保比例为18.9%，雇员自行承担的社保比例为20.9%，由雇主代扣代缴，三项社保的计提比例分别为雇员工资的12%、6.15%和0.75%。自雇人士需缴纳的社保包括养老金与残疾保险、医疗保险及失业保险，比例分别为26%、12.3%和1.5%，合计为39.8%，可选择以工资收入为基础缴纳也可选择以应税商业收入为基础缴纳。外派人员的社保缴纳，若塞尔维亚与外派国有协议约定，则外派人员可不在塞尔维亚缴纳社保。

(三) 中塞社会保障税差异协同研究

两国的社会保障税均对雇主和雇员进行征收，且按所得工资的比例进行征收，税收所得由国家进行管理，专项支出，用于社会福利、保障等，这与两国的政治体制和国情是密切相关的。

六　中国和塞尔维亚印花税对比分析

(一) 中国印花税总体分析

1. 中国印花税概述

印花税是对经济活动和经济交往中书立、领受具有法律效力的凭证的行为所征收的一种税。因采用在应税凭证上粘贴印花税票作为完税的标志而得名。国务院通知指出，为妥善处理中央与地方的财政分配关系，从2016年1月1日起，将证券交易印花税由现行按中央97%、地方3%比例分享全部调整为中央收入。

2. 中国印花税沿革史

印花税的名称来自中国。1889年（光绪15年）总理海军事务大臣奕劻奏请清政府开办用某种图案表示完税的税收制度。其后的1896年和1899年，陈璧、伍廷芳分别再次提出征收印花税。

中华人民共和国成立后，中央政府于1950年1月30日公布了《全国税政实施要则》，于12月公布了《印花税暂行条例》，并于1951年1月公布了《印花税暂行条例施行细则》，从此统一了印花税法。1988年8月6日中华人民共和国国务院11号令发布《中华人民共和国印花税暂行条例》，规定重新在全国统一开征印花税。2001年，中国印制发行了"社会主义现代化建设图"一套九枚的印花税票，还印制小型张一枚。2003年，中国又印制发行了恢复印花税后的第三套印花税票"中国世界文化遗产图"一套9枚，同时印制小型张一枚，六连张一枚，小全张一枚，小本票一种，并制作了纪念册。

3. 中国印花税征税对象

在中华人民共和国境内书立、领受《中华人民共和国印花税暂行条例》所列举凭证的单位和个人，都是印花税的纳税义务人，应当按照规定缴纳印花税。具体有：立合同人；立据人；立账簿人；领受人；使用人。

现行印花税只对印花税条例列举的凭证征税，具体有五类：

第一，购销、加工承揽、建设工程勘察设计、建设工程承包、财产租赁、货物运输、仓储保管、借款、财产保险、技术合同或者具有合同性质的凭证；

第二，产权转移书据；

第三，营业账簿；

第四，房屋产权证、工商营业执照、商标注册证、专利证、土地使用证、许可证照；

第五，经财政部确定征税的其他凭证。

4. 中国印花税征税范围

现行印花税只对《印花税暂行条例》列举的凭证征收，没有列举的凭证不征税。具体征税范围如下：

第一，经济合同。税目税率表中列举了 10 大类合同。它们是：购销合同；加工承揽合同；建设工程勘察设计合同；建筑安装工程承包合同；财产租赁合同；货物运输合同；仓储保管合同；借款合同；财产保险合同；技术合同。

第二，产权转移书据。我国印花税税目中的产权转移书据包括财产所有权、版权、商标专用权、专利权、专有技术使用权共 5 项产权的转移书据。其中，财产所有权转移书据，是指经政府管理机关登记注册的不动产、动产所有权转移所书立的书据，包括股份制企业向社会公开发行的股票，因购买、继承、赠予所书立的产权转移书据。其他 4 项则属于无形资产的产权转移书据。土地使用权出让合同、土地使用权转让合同、商品房销售合同按照产权转移书据征收印花税。

第三，营业账簿。按照营业账簿反映的内容不同，在税目中分为记载资金的账簿（简称资金账簿）和其他营业账簿两类，以便于分别采用按金额计税和按件计税两种计税方法。

5. 中国印花税税目税率

印花税共有 13 个税目，印花税的税率设计，遵循税负从轻、共同负担的原则。所以，税率比较低；凭证的当事人，即对凭证有直接权利与义务关系的单位和个人均应就其所持凭证依法纳税。

印花税的税率有 2 种形式，即比例税率和定额税率。

表 6—4　　　　　　　　印花税税目税率表

	税目	范围	税率	纳税人	说明
1	购销合同	包括供应、预购、采购、购销、结合及协作、调剂等合同	按购销金额 0.3‰ 贴花	立合同人	
2	加工承揽合同	包括加工、定作、修缮、修理、印刷、广告、测绘、测试等合同	按加工或承揽收入 0.5‰ 贴花	立合同人	
3	建设工程勘察设计合同	包括勘察、设计合同	按收取费用 0.5‰ 贴花	立合同人	
4	建筑安装工程承包合同	包括建筑、安装工程承包合同	按承包金额 0.3‰ 贴花	立合同人	
5	财产租赁合同	包括租赁房屋、船舶、飞机、机动车辆、机械器具、设备等合同	按租赁金额 1‰ 贴花。税额不足 1 元，按 1 元贴花	立合同人	
6	货物运输合同	包括民用航空运输、铁路运输、海上运输、联运合同	按运输费用 0.5‰ 贴花	立合同人	单据作为合同使用的，按合同贴花
7	仓储保管合同	包括仓储、保管合同	按仓储保管费用 1‰ 贴花	立合同人	仓单或栈单作为合同使用的，按合同贴花

续表

税目		范围	税率	纳税人	说明
8	借款合同	银行及其他金融组织和借款人	按借款金额0.05‰贴花	立合同人	单据作为合同使用的,按合同贴花
9	财产保险合同	包括财产、责任、保证、信用等保险合同	按保险费收入1‰贴花	立合同人	单据作为合同使用的,按合同贴花
10	技术合同	包括技术开发、转让、咨询、服务等合同	按所载金额0.3‰贴花	立合同人	
11	产权转移书据	包括财产所有权、版权、商标专用权、专利权、专有技术使用权、土地使用权出让合同、商品房销售合同等	按所载金额0.5‰贴花	立据人	
12	营业账簿	生产、经营用账册	记载资金的账簿,按实收资本和资本公积的合计金额0.5‰贴花;其他账簿按件计税,5元/件	立账簿人	
13	权利、许可证照	包括政府部门发给的房屋产权证、工商营业执照、商标注册证、专利证、土地使用证	按件贴花,5元/件	领受人	

6. 中国印花税征收方式

印花税根据不同征税项目,分别实行从价计征和从量计征两种征收方式。

第一，从价计税情况下计税依据的确定。

第二，从量计税情况下计税依据的确定。实行从量计税的其他营业账簿和权利、许可证照，以计税数量为计税依据。

7. 中国印花税计税方法

印花税以应纳税凭证所记载的金额、费用、收入额和凭证的件数为计税依据，按照适用税率或者税额标准计算应纳税额。

应纳税额计算公式：

应纳税额=应纳税凭证记载的金额（费用、收入额）×适用税率

应纳数额=应纳税凭证的件数×适用税额标准

下列凭证可以免征印花税：

①已经缴纳印花税的凭证的副本、抄本，但是视同正本使用者除外；

②财产所有人将财产赠给政府、抚养孤老伤残人员的社会福利单位、学校所立的书据；

③国家指定的收购部门与村民委员会、农民个人书立的农副产品收购合同；

④无息、贴息贷款合同；

⑤外国政府、国际金融组织向中国政府、国家金融机构提供优惠贷款所书立的合同；

⑥企业因改制而签订的产权转移书据；

⑦农民专业合作社与本社成员签订的农业产品和农业生产资料购销合同；

⑧个人出租、承租住房签订的租赁合同，廉租住房、经济适用住房经营管理单位与廉租住房、经济适用住房有关的凭证，廉租住房承租人、经济适用住房购买人与廉租住房、经济适用住房有关的凭证。

下列项目可以暂免征收印花税：

①农林作物、牧业畜类保险合同；

②书、报、刊发行单位之间，发行单位与订阅单位、个人之间书立的凭证；

③投资者买卖证券投资基金单位；

④经国务院和省级人民政府决定或者批准进行政企脱钩、对企业

（集团）进行改组和改变管理体制、变更企业隶属关系，国有企业改制、盘活国有企业资产，发生的国有股权无偿划转行为；

⑤个人销售、购买住房。

（二）塞尔维亚印花税总体分析

印花税依据应税经济凭证的价值征收。如经济凭证无价值，则按统一税率征收。

七 中国和塞尔维亚财产转让税对比分析

（一）中国财产转让税总体分析

1. 中国财产转让税概述

是指个人转让有价证券、股权、建筑物、土地使用权、机器设备、车船以及其他财产取得的所得。

（1）财产转让所得的计税依据

以转让财产取得的收入额减除财产原值和合理费用后的余额，为应纳税所得额。

（2）财产转让所得的特殊规定

第一，对我国境内上市公司的股票转让所得，暂不征收个人所得税。

第二，对个人出售自有住房取得的所得按照"财产转让所得"税目征收个人所得税，但对个人转让自用5年以上并且是家庭唯一生活用房取得的所得，免征个人所得税。

2. 中国财产转让税征税项目

①对境内股票转让所得暂不征收个人所得税。

②对个人转让限售股取得的所得，按照"财产转让所得"，适用20%的比例税率征收个人所得税。

③职工个人以股份形式取得的仅作为分红依据、不拥有所有权的企业量化资产，不征收个人所得税；对职工个人以股份形式取得的拥有所有权的企业量化资产，暂缓征收个人所得税；待个人将股份转让时，就其转让收入额，减除个人取得该股份时实际支付的费用支出和合理转让

费用后的余额，按"财产转让所得"项目计征个人所得税。

④个人通过招标、竞拍或其他方式购置债权以后，通过相关司法或行政程序主张债权而取得的所得，应按照财产转让所得项目缴纳个人所得税。

⑤企事业单位将自建住房以低于购置或建造成本价格销售给职工的差价部分比照全年一次性奖金的征税办法，计算缴纳个人所得税。

⑥对个人转让自用 5 年以上、并且是家庭唯一生活用房取得的所得，继续免征个人所得税。

⑦个人现自有住房房产证登记的产权人为 1 人，在出售后 1 年内又以产权人配偶名义或产权人夫妻双方名义按市场价重新购房的，产权人出售住房所得应缴纳的个人所得税，可以全部或部分予以免税；以其他人名义按市场价重新购房的，产权人出售住房所得应缴纳的个人所得税，不予免税。

⑧股权转让合同履行完毕、股权已作变更登记，且所得已经实现的，转让人取得的股权转让收入应当依法缴纳个人所得税。

⑨个人将书画作品、古玩等公开拍卖取得的收入减除其财产原值和合理费用后的余额，按"财产转让所得"项目适用 20% 税率计征个人所得税。个人通过拍卖市场取得的房屋拍卖收入在计征个人所得税时，其房屋原值应按照纳税人提供的合法、完整、准确的凭证予以扣除；不能提供完整、准确的房屋原值凭证，不能正确计算房屋原值和应纳税额的，统一按转让收入全额的 3% 计算缴纳个人所得税。

3. 中国财产转让税相关计算

应纳税所得额

（1）财产转让所得应纳含税所得额 = 财产转让的收入额 - 财产原值 - 合理费用。

（2）个人转让上市公司的股票免征个人所得税。

应纳税额的计算

应纳税额 = 应纳税所得额 × 税率 = （收入总额 - 财产原值 - 合理费用）× 20%

(二) 塞尔维亚财产转让税总体分析

《不动产税法》规定的转让项目,比如不动产、知识产权等的转让,需缴纳 2.5% 的转让税。

第七章

基于税收差异的企业境外风险管理

一 企业风险管理的理论基础

（一）企业风险

指未来的不确定性对企业实现其经营目标的影响。企业风险一般可分为战略风险、财务风险、市场风险、运营风险、法律风险等；也可以能否为企业带来盈利等机会为标志，将风险分为纯粹风险（只有带来损失一种可能性）和机会风险（带来损失和盈利的可能性并存）。

（二）对外投资

一般是指国际投资，是投资者为获取预期的效益而将资本（或资金）或其他资产在国际间进行投入或流动，按照资本（或资金）运动特征和投资者在该运动中的地位来划分，国际投资有三类：其一，投资者投于国外的企业并对该企业的管理和经营进行控制的直接投资；其二，通过金融中介或投资工具进行的间接投资；其三，以上两类投资与其他国际经济活动混合而成的灵活形式投资。

（三）风险管理

全面风险管理，指企业围绕总体经营目标，通过在企业管理的各个环节和经营过程中执行风险管理的基本流程，培育良好的风险管理文化，建立健全全面风险管理体系，包括风险管理策略、风险理财措施、风险管理的组织职能体系、风险管理信息系统和内部控制系统，从而为实现风险管理的总体目标提供合理保证的过程和方法。

二　企业风险管理的相关内容

（一）企业风险管理的总体目标

①确保将风险控制在与总体目标相适应并可承受的范围内；

②确保内外部，尤其是企业与股东之间实现真实、可靠的信息沟通，包括编制和提供真实、可靠的财务报告；

③确保遵守有关法律法规；

④确保企业有关规章制度和为实现经营目标而采取重大措施的贯彻执行，保障经营管理的有效性，提高经营活动的效率和效果，降低实现经营目标的不确定性；

⑤确保企业建立针对各项重大风险发生后的危机处理计划，保护企业不因灾害性风险或人为失误而遭受重大损失。

（二）企业风险管理的组织体系

企业应建立健全风险管理组织体系，主要包括规范的公司法人治理结构，股东（大）会（对于国有独资公司或国有独资企业，即指国资委，下同）、董事会、监事会、经理层依法履行职责，形成高效运转、有效制衡的监督约束机制。

国有独资公司和国有控股公司应建立外部董事、独立董事制度，外部董事、独立董事人数应超过董事会全部成员的半数，以保证董事会能够在重大决策、重大风险管理等方面作出独立于经理层的判断和选择。董事会就全面风险管理工作的有效性对股东（大）会负责。董事会在全面风险管理方面主要履行以下职责：

①审议并向股东（大）会提交企业全面风险管理年度工作报告；

②确定企业风险管理总体目标、风险偏好、风险承受度，批准风险管理策略和重大风险管理解决方案；

③了解和掌握企业面临的各项重大风险及其风险管理现状，作出有效控制风险的决策；

④批准重大决策、重大风险、重大事件和重要业务流程的判断标准或判断机制；

⑤批准重大决策的风险评估报告；

⑥批准内部审计部门提交的风险管理监督评价审计报告；

⑦批准风险管理组织机构设置及其职责方案；

⑧批准风险管理措施，纠正和处理任何组织或个人超越风险管理制度作出的风险性决定的行为；

⑨督导企业风险管理文化的培育；

⑩全面风险管理其他重大事项。

具备条件的企业，董事会可下设风险管理委员会。该委员会的召集人应由不兼任总经理的董事长担任；董事长兼任总经理的，召集人应由外部董事或独立董事担任。该委员会成员中需有熟悉企业重要管理及业务流程的董事，以及具备风险管理监管知识或经验、具有一定法律知识的董事。风险管理委员会对董事会负责，主要履行以下职责：

①提交全面风险管理年度报告；

②审议风险管理策略和重大风险管理解决方案；

③审议重大决策、重大风险、重大事件和重要业务流程的判断标准或判断机制，以及重大决策的风险评估报告；

④审议内部审计部门提交的风险管理监督评价审计综合报告；

⑤审议风险管理组织机构设置及其职责方案；

⑥办理董事会授权的有关全面风险管理的其他事项。

企业总经理对全面风险管理工作的有效性向董事会负责。总经理或总经理委托的高级管理人员，负责主持全面风险管理的日常工作，负责组织拟订企业风险管理组织机构设置及其职责方案。

企业应在董事会下设立审计委员会，企业内部审计部门对审计委员会负责。审计委员会和内部审计部门的职责应符合《中央企业内部审计管理暂行办法》（国资委令第8号）的有关规定。内部审计部门在风险管理方面，主要负责研究提出全面风险管理监督评价体系，制定监督评价相关制度，开展监督与评价，出具监督评价审计报告。

企业其他职能部门及各业务单位在全面风险管理工作中，应接受风险管理职能部门和内部审计部门的组织、协调、指导和监督，主要履行以下职责：

①执行风险管理基本流程；

②研究提出本职能部门或业务单位重大决策、重大风险、重大事件和重要业务流程的判断标准或判断机制；

③研究提出本职能部门或业务单位的重大决策风险评估报告；

④做好本职能部门或业务单位建立风险管理信息系统的工作；

⑤做好培育风险管理文化的有关工作；

⑥建立健全本职能部门或业务单位的风险管理内部控制子系统；

⑦办理风险管理其他有关工作。

三 企业境外风险管理特点及核心环节

（一）企业境外风险管理特点

健全的企业风险管理可以归结为"6C"，即全面性、一致性、关联性、集权性、互通性、创新性。

1. 全面性

风险管理的目标不仅仅是使公司免遭损失，而且包括能在风险中抓住发展机遇。全面性可归纳为三个"确保"，一是确保企业风险管理目标与业务发展目标相一致；二是确保企业风险管理能够涵盖所有业务和所有环节中的风险；三是确保能够识别企业所面临的各类风险。

2. 一致性

风险管理有道亦有术。风险管理的"道"根植于企业的价值观与社会责任感。风险管理的"术"是具体的操作技术与方法。风险管理的"道"是"术"之纲，"术"是"道"的集中体现，二者高度一致。

3. 关联性

有效的风险管理系统是一个由不同的子系统组成的有机体系，如信息系统、沟通系统、决策系统、指挥系统、后勤保障系统、财物支持系统等。因而，企业风险管理的有效与否，除了取决于风险管理体系本身外，在很大程度上还取决于它所包含的各个子系统是否健全和有效。任何一个子系统的失灵都有可能导致整个风险管理体系的失效。

4. 集权性

集权的实质就是要在企业内部建立起职责清晰、权责明确的风险管理机构。因为清晰的职责划分是确保风险管理体系有效运作的前提。同时，企业应确保风险管理机构具有高度权威，并尽可能不受外部因素的干扰，以保持其客观性和公正性。

5. 互通性

风险管理战略的有效性在很大程度上取决于其所获信息是否充分。而风险管理战略能否被正确执行则受制于企业内部是否有一个高效的信息沟通渠道。有效的信息沟通可以确保企业所有人员都能正确理解其工作职责与责任，从而使风险管理体系各环节正常运行。

6. 创新性

风险管理既要充分借鉴成功的经验，又要根据风险的实际情况，尤其要借助新技术、新信息和新思维，进行大胆创新。

（二）企业风险管理的核心环节

1. 收集风险管理初始信息

实施全面风险管理，企业应广泛、持续不断地收集与本企业风险和风险管理相关的内部、外部初始信息，包括历史数据和未来预测。应把收集初始信息的职责分工落实到各有关职能部门和业务单位。

第一，在战略风险方面，企业应广泛收集国内外企业战略风险失控导致企业蒙受损失的案例，并至少收集与本企业相关的以下重要信息：

①国内外宏观经济政策以及经济运行情况、本行业状况、国家产业政策；

②科技进步、技术创新的有关内容；

③市场对本企业产品或服务的需求；

④与企业战略合作伙伴的关系，未来寻求战略合作伙伴的可能性；

⑤本企业主要客户、供应商及竞争对手的有关情况；

⑥与主要竞争对手相比，本企业实力与差距；

⑦本企业发展战略和规划、投融资计划、年度经营目标、经营战略，以及编制这些战略、规划、计划、目标的有关依据；

⑧本企业对外投融资流程中曾发生或易发生错误的业务流程或环节。

第二，在财务风险方面，企业应广泛收集国内外企业财务风险失控导致危机的案例，并至少收集本企业的以下重要信息（其中有行业平均指标或先进指标的，也应尽可能收集）：

①负债、或有负债、负债率、偿债能力；
②现金流、应收账款及其占销售收入的比重、资金周转率；
③产品存货及其占销售成本的比重、应付账款及其占购货额的比重；
④制造成本和管理费用、财务费用、营业费用；
⑤盈利能力；
⑥成本核算、资金结算和现金管理业务中曾发生或易发生错误的业务流程或环节；
⑦与本企业相关的行业会计政策、会计估算、与国际会计制度的差异与调节（如退休金、递延税项等）等信息。

第三，在市场风险方面，企业应广泛收集国内外企业忽视市场风险、缺乏应对措施导致企业蒙受损失的案例，并至少收集与本企业相关的以下重要信息：
①产品或服务的价格及供需变化；
②能源、原材料、配件等物资供应的充足性、稳定性和价格变化；
③主要客户、主要供应商的信用情况；
④税收政策和利率、汇率、股票价格指数的变化；
⑤潜在竞争者、竞争者及其主要产品、替代品情况。

第四，在运营风险方面，企业应至少收集与本企业、本行业相关的以下信息：
①产品结构、新产品研发；
②新市场开发、市场营销策略，包括产品或服务定价与销售渠道，市场营销环境状况等；
③企业组织效能、管理现状、企业文化，高、中层管理人员和重要业务流程中专业人员的知识结构、专业经验；
④期货等衍生产品业务中曾发生或易发生失误的流程和环节；
⑤质量、安全、环保、信息安全等管理中曾发生或易发生失误的业务流程或环节；
⑥因企业内、外部人员的道德风险致使企业遭受损失或业务控制系统失灵；
⑦给企业造成损失的自然灾害以及除上述有关情形之外的其他纯粹风险；

⑧对现有业务流程和信息系统操作运行情况的监管、运行评价及持续改进能力;

⑨企业风险管理的现状和能力。

第五,在法律风险方面,企业应广泛收集国内外企业忽视法律法规风险、缺乏应对措施导致企业蒙受损失的案例,并至少收集与本企业相关的以下信息:

①国内外与本企业相关的政治、法律环境;

②影响企业的新法律法规和政策;

③员工道德操守的遵从性;

④本企业签订的重大协议和有关贸易合同;

⑤本企业发生重大法律纠纷案件的情况;

⑥企业和竞争对手的知识产权情况。

企业对收集的初始信息应进行必要的筛选、提炼、对比、分类、组合,以便进行风险评估。

2. 进行风险评估

企业应对收集的风险管理初始信息和企业各项业务管理及其重要业务流程进行风险评估。风险评估包括风险辨识、风险分析、风险评价三个步骤。风险辨识是指查找企业各业务单元、各项重要经营活动及其重要业务流程中有无风险,有哪些风险。风险分析是对辨识出的风险及其特征进行明确的定义描述,分析和描述风险发生可能性的高低、风险发生的条件。风险评价是评估风险对企业实现目标的影响程度、风险的价值等。风险评估应由企业组织有关职能部门和业务单位实施,也可聘请有资质、信誉好、风险管理专业能力强的中介机构协助实施。

进行风险辨识、分析、评价,应将定性与定量方法相结合。定性方法可采用问卷调查、集体讨论、专家咨询、情景分析、政策分析、行业标杆比较、管理层访谈、由专人主持的工作访谈和调查研究等。定量方法可采用统计推论(如集中趋势法)、计算机模拟(如蒙特卡罗分析法)、失效模式与影响分析、事件树分析等。进行风险定量评估时,应统一制定各风险的度量单位和风险度量模型,并通过测试等方法,确保评估系统的假设前提、参数、数据来源和定量评估程序的合理性和准确性。要根据环境的变化,定期对假设前提和参数进行复核和修改,并将定量评估系统的估算结果与实际效果对比,据此对有关参数进行调整和改进。

风险分析应包括风险之间的关系分析,以便发现各风险之间的自然对冲、风险事件发生的正负相关性等组合效应,从风险策略上对风险进行统一集中管理。企业在评估多项风险时,应根据对风险发生可能性的高低和对目标的影响程度的评估,绘制风险坐标图,对各项风险进行比较,初步确定对各项风险的管理优先顺序和策略。

企业应对风险管理信息实行动态管理,定期或不定期实施风险辨识、分析、评价,以便对新的风险和原有风险的变化重新评估。

3. 制定风险管理策略

这里说的风险管理策略,指企业根据自身条件和外部环境,围绕企业发展战略,确定风险偏好、风险承受度、风险管理有效性标准,选择风险承担、风险规避、风险转移、风险转换、风险对冲、风险补偿、风险控制等适合的风险管理工具的总体策略,并确定风险管理所需人力和财力资源的配置原则。一般情况下,对战略、财务、运营和法律风险,可采取风险承担、风险规避、风险转换、风险控制等方法。对能够通过保险、期货、对冲等金融手段进行理财的风险,可以采用风险转移、风险对冲、风险补偿等方法。

首先,企业应根据不同业务特点统一确定风险偏好和风险承受度,即企业愿意承担哪些风险,明确风险的最低限度和不能超过的最高限度,并据此确定风险的预警线及相应采取的对策。确定风险偏好和风险承受度,要正确认识和把握风险与收益的平衡,防止和纠正忽视风险,片面追求收益而不讲条件、范围,认为风险越大、收益越高的观念和做法;同时,也要防止单纯为规避风险而放弃发展机遇。

其次,企业应根据风险与收益相平衡的原则以及各风险在风险坐标图上的位置,进一步确定风险管理的优选顺序,明确风险管理成本的资金预算和控制风险的组织体系、人力资源、应对措施等总体安排。

最后,企业应定期总结和分析已制定的风险管理策略的有效性和合理性,结合实际不断修订和完善。其中,应重点检查依据风险偏好、风险承受度和风险控制预警线实施的结果是否有效,并提出定性或定量的有效性标准。

4. 提出和实施风险管理解决方案

企业应根据风险管理策略，针对各类风险或每一项重大风险制订风险管理解决方案。方案一般应包括风险解决的具体目标，所需的组织领导，所涉及的管理及业务流程，所需的条件、手段等资源，风险事件发生前、中、后所采取的具体应对措施以及风险管理工具（如：关键风险指标管理、损失事件管理等）。

企业制定风险管理解决的外包方案，应注重成本与收益的平衡、外包工作的质量、自身商业秘密的保护以及防止自身对风险解决外包产生依赖性风险等，并制定相应的预防和控制措施。

企业制定风险解决的内控方案，应满足合规的要求，坚持经营战略与风险策略一致、风险控制与运营效率及效果相平衡的原则，针对重大风险所涉及的各管理及业务流程，制定涵盖各个环节的全流程控制措施；对其他风险所涉及的业务流程，要把关键环节作为控制点，采取相应的控制措施。企业制定内控措施，一般至少包括以下内容：

①建立内控岗位授权制度。对内控所涉及的各岗位明确规定授权的对象、条件、范围和额度等，任何组织和个人不得超越授权作出风险性决定。

②建立内控报告制度。明确规定报告人与接受报告人，报告的时间、内容、频率、传递路线、负责处理报告的部门和人员等。

③建立内控批准制度。对内控所涉及的重要事项，明确规定批准的程序、条件、范围和额度、必备文件以及有权批准的部门和人员及其相应责任。

④建立内控责任制度。按照权利、义务和责任相统一的原则，明确规定各有关部门和业务单位、岗位、人员应负的责任和奖惩制度。

⑤建立内控审计检查制度。结合内控的有关要求、方法、标准与流程，明确规定审计检查的对象、内容、方式和负责审计检查的部门等。

⑥建立内控考核评价制度。具备条件的企业应把各业务单位风险管理执行情况与绩效薪酬挂钩。

⑦建立重大风险预警制度。对重大风险进行持续不断的监测，及时发布预警信息，制定应急预案，并根据情况变化调整控制措施。

⑧建立健全以总法律顾问制度为核心的企业法律顾问制度。大力加

强企业法律风险防范机制建设，形成由企业决策层主导、企业总法律顾问牵头、企业法律顾问提供业务保障、全体员工共同参与的法律风险责任体系。完善企业重大法律纠纷案件的备案管理制度。

⑨建立重要岗位权力制衡制度，明确规定不相容职责的分离。主要包括：授权批准、业务经办、会计记录、财产保管和稽核检查等职责。对内控所涉及的重要岗位可设置一岗双人、双职、双责，相互制约；明确该岗位的上级部门或人员对其应采取的监督措施和应负的监督责任；将该岗位作为内部审计的重点等。

企业应当按照各有关部门和业务单位的职责分工，认真组织实施风险管理解决方案，确保各项措施落实到位。

5. 风险管理的监督与改进

企业应建立贯穿于整个风险管理基本流程，连接各上下级、各部门和业务单位的风险管理信息沟通渠道，确保信息沟通的及时、准确、完整，为风险管理监督与改进奠定基础。以重大风险、重大事件和重大决策、重要管理及业务流程为重点，对风险管理初始信息、风险评估、风险管理策略、关键控制活动及风险管理解决方案的实施情况进行监督，采用压力测试、返回测试、穿行测试以及风险控制自我评估等方法对风险管理的有效性进行检验，根据变化情况和存在的缺陷及时加以改进。

企业内部审计部门应至少每年一次对包括风险管理职能部门在内的各有关部门和业务单位能否按照有关规定开展风险管理工作及其工作效果进行监督评价，监督评价报告应直接报送董事会或董事会下设的风险管理委员会和审计委员会。此项工作也可结合年度审计、任期审计或专项审计工作一并开展。企业也可聘请有资质、信誉好、风险管理专业能力强的中介机构对企业全面风险管理工作进行评价，出具风险管理评估和建议专项报告。报告一般应包括以下几方面的实施情况、存在缺陷和改进建议：

①风险管理基本流程与风险管理策略；

②企业重大风险、重大事件和重要管理及业务流程的风险管理及内部控制系统的建设；

③风险管理组织体系与信息系统；

④全面风险管理总体目标。

四 基于税收差异的企业境外投资风险管理

(一) 企业对外投资面临的税务风险

"一带一路"积极引导企业走出去，扩展对外投资业务。企业在走出去的过程中，税务风险也随之产生。"一带一路"沿线国家众多，状况各不相同，其环境差异风险将会从不同层面影响国际项目的实施和展开，也可能因此产生税务风险。

具体而言，首先是国家的税制不同。由于国情不同，所采用的税制有以增值税为主的税制体系或以所得税为主的税制体系，而不同的税制差异容易导致就一项境外投资项目征收多次税赋。其次是国家的法制状况不一。"一带一路"沿边国家多为发展中国家，法制建设相对不健全。而东道国的税法制度是否完善、履行是否严格、实施是否透明，对企业的东道国投资收益能否得到保障有重要影响。最后是优惠政策，有些沿线国家不仅没有优惠税率，而且预提所得税税率要比国内高，对该国的投资将会增加企业税负压力。

双重征税风险是跨境企业在对外投资过程中面临的较为显著的税收风险，该风险产生于居民国与投资国采用不同的征税标准，对企业的同一笔课税对象进行重复征税，该项国际双重征税风险可能发生于多种税种，包括企业所得税、个人所得税、财产税等。双重征税问题也将导致对外投资的企业承受更严重的税负压力，不利于企业海外市场竞争。为促进企业更好地对外投资，我国与诸多国家签订税收协定，企业可以通过直接或间接抵免法、税收饶让等方式避双重征税问题。然而随着国际贸易的不断扩大，国际税收争议复杂多变，相关税收协定不完善，再加上企业对国际税制的相关经验不足，双重征税的风险依然存在。税收优惠政策是企业选择对外投资形式的重要参考，企业获取东道国的税收优惠需要执行一定的合规性程序。而大部分企业并没有事先了解相关税收优惠，而是在合同执行期后才咨询当地机构，这导致企业在申报税收优惠时对相关的流程手续不清楚以及需要准备的材料不齐全，申请时长超出预期或因申请不规范而无法完全享受优惠政策。此外，也有企业采用间接控股方式投资，在是否享受东道国的税收优惠方面与当地税务总局产生分歧,享受不到相关的税收协定待遇。这种税收争议需要企业与当地政府通过谈判、仲裁等方式进行协商,为企业减少损失。

(二) 针对税务风险采取的措施

1. 提高涉税防控能力

企业在境外投资过程中可能遇到税收歧视、重复征税等问题,或接受关联交易转让定价的反避税调查。企业应设立专门的税务风险管理部门,就国际最新的税收动向进行定期培训,培养一批具备一定税收风险应对能力和税收战略思想、熟悉国际税收规则和海外交易的综合性人才,在企业对外投资项目的实施过程中,能够在涉税风险进行全面分析,提出有针对性的、合规合法的防控措施,维护企业在外投资经营活动中的利益。

2. 加强与政府税务机关的联系

"一带一路"沿线的国家并非我国传统上对外投资的国家,企业对沿线的国家或地区的税制情况了解有限,容易引发境外的工程项目风险、并购风险、反避税调查风险等。相关税制和税收优惠政策方面信息的掌握对企业对外投资极为重要,而政府在更新、了解、收集相关信息的渠道和手段方面更丰富可靠。企业应积极从税务部门等相关部门及时了解涉外抵免政策和税收饶让制度的更新,使已有的税收协定发挥最大的作用。

3. 持续对税务风险管理进行监督和改进

由于中国和"一带一路"沿线国家和地区的税收协定内容不断更新,企业对东道国的税务风险管理应持续进行和定期监督,并不断完善改进。企业除了在东道国需合法合规地进行税务筹划工作,还应密切关注东道国的税务申报流程以及合规性要求,建立信息化的税务风险管理系统,利用专业化的服务网络将企业的税务、法务等部门紧密联系,提高风险管理的效率和有效性。

五 在塞尔维亚投资可能存在的税收风险

(一) 信息报告风险

1. 登记注册制度

在塞尔维亚无论申请注册何种形式的企业，均需到塞尔维亚商业注册署办理注册手续。注册企业的主要程序包括注册申请、注册审批、申请统计代码、刻制公司印章、设立银行账号、申请增值税号等。具体而言，首先应在初级法院、市政府或公证处对公司章程进行公证；其次，应开立银行账户，支付手续费并取得支付凭证作为企业注册后续所需文件；再申请登记证、税务识别号、养老基金证书和健康基金证书，并为开立银行账户提供预留印鉴；刻制公司印章；与雇佣组织或基金签订雇佣合同。对于未进行合法登记的企业而言，除将面临一定的处罚之外，未来税务机关在进行税务审计时也不再提前告知企业。

另外，对意向到塞尔维亚就业的外国人来说，应事先取得塞尔维亚内务部外国人管理局颁发的居留许可。取得居留许可之后，外国人可向塞尔维亚国家就业局申请工作准证，如未能及时取得工作准证，须向发放临时居留签证的内务部外国人管理处申请延期居留签证，否则，临时居留过期失效造成违法停留，外国人将面临一定的法律风险。

2. 信息报告制度

（1）财务报告制度

为便于统计，法律实体有义务于次年 2 月底之前提交资产负债表、利润表及统计报告至商业注册署；完整的财务报告、财务报表制度以及利润亏损分配制度应于次年的 6 月 30 日提交至商业注册署，合并财务报表应于 7 月 31 日前提交。

以下实体有义务履行财务报表的审计义务，包括：大型或中型的实体、上市公司（无论规模）以及年营业收入超过 440 万欧元或等值第纳尔的企业。这些实体有义务向商业注册署提交审计报告及财务报表。

（2）税务报告制度

纳税人未能按时履行纳税申报义务但有正当理由的，可申请按原税款金额缴纳。纳税人应在正当理由消失之日起或纳税人得知该理由之日起8天内提出申请。若逾期三个月以上，则不能再提出该申请，除非纳税人是由于不可抗力而不能按时提出申请。在一定条件下，如果纳税人提供特定担保（如银行担保），可适用不超过60个月的分期纳税协议。在赦免期内，按照低于标准利率10%的利率征收利息。如果是破产重组，前12个月不必缴纳税款，之后仍可继续适用分期纳税协议。分期协议同样适用于2012年10月31日前发生的债务，对于该债务免收利息。

（二）纳税申报风险

1. 在塞尔维亚设立子公司的纳税申报风险

塞尔维亚商业法对重要参与（25%以上投票权）和显著控制（50%以上投票权，对子公司进行控制）作了区分。子公司为单独的法律主体，但外国投资法未规定最低持股比例。

（1）公司所得税

塞尔维亚采用自我纳税评估的税务管理体制，企业按照月度预缴公司所得税，当月税款要在次月15日之前缴纳，预缴金额不包括资本收益和资本损失。企业应当在纳税年度结束后的180天内提交申报表并缴纳相应税款，次年月度预缴的所得税，可能会根据上年的汇算清缴结果进行调整。若纳税人未在该期限内提交纳税申报表，则视为未完成纳税申报。

新设企业的纳税期间起始日依据商业登记注册日，如若在该月15日之前在商业注册署注册并生效，则其纳税期限始于完成注册的当月；如若在该月16日后在商业注册署注册并生效，则其纳税期限始于完成注册的下月。该类纳税人应当按照其注册之日起到第一个纳税年度结束期间的收支情况估算值确定其纳税申报税额，纳税申报期为注册之日起15天。纳税人应通过网络申报公司所得税和预提所得税。

如果出现主体变更、企业清算或破产的情况，则需要在规定的财务报表申报期限后的15天内提交。如果出现合并、分立导致企业终止经营的，纳税申报表和相关文件应在该事项发生之日起60天内提交。纳税人未按照要求缴纳税款时，税务机关有权采取强制措施要求纳税人缴纳税款，并视具体情况决定利息及罚款金额。情节严重，纳税人可能面临被禁止经营的风险。延迟缴纳税款适用的利率以塞尔维亚国家银行发布的年利率为基准,再加十个百分点,并适用单利计息方式。

(2) 个人所得税

个人所得税有三种纳税申报方式:即赚即付的缴税原则、自我评估制度和税务机关核定征收。其中,雇佣收入按照即赚即付的缴税原则(PAYE),由雇主实行源泉扣税。自我评估制度用于特定类型的收入,指的是支付方没有义务代扣代缴个人所得税的情况。个人须依据收入类型提交纳税申报表或支付预提税,税率取决于收入的类型,时限为收到该收入的30日内。税务局核定征收用于补充年度所得税申报以及一次性取得经营所得的情况。补充年度所得税申报表必须于每年的5月15日之前提交。个人未按照税收程序和征管法的要求缴纳税款,应当缴纳罚款。

(3) 增值税

增值税纳税人须按期纳税,纳税期内申报增值税纳税申报表及缴纳税款。

无论当期是否需要缴纳税款,纳税人应通过电子申报的方式在纳税申报期后的15日内履行纳税申报。非纳税人的税收债务人应当在月度申报期间结束后的10日内进行纳税申报。纳税人应向税务机关申报增值税销项税额高于增值税进项税额部分的税款。一般而言,税款缴纳应当与税务申报同时进行。

根据增值税法规定,增值税纳税人应当保存相关税务文档,包括但不限于开具的发票、收到的发票、适用的税率和优惠税率、延期纳税的证明等。纳税人应当在增值税的诉讼时效内保存税务文档。违反增值税法规定(如应开发票而未开票、未保存申报记录、未在规定期限内提交注册登记表)的纳税人将面临100000—1000000第纳尔的罚款,并且相关负责人将面临10000—50000第纳尔的罚款。承包人将面临的罚款范围为12500—500000第纳尔。

2. 在塞尔维亚设立分公司或代表处的纳税申报风险

塞尔维亚商业法允许设立分支机构。任何国内或外国公司均可设立一个或多个分支机构。分支机构应当为公司的一个组成部分,不具有独立的法人资格。分支机构应当进行营业登记。分支机构虽不构成独立的法人实体,但由于分支机构承担一定的经营活动,因此分支机构作为独立的纳税人,分别缴纳增值税和公司所得税,并要遵从前述纳税申报规定。外国公司可在塞尔维亚设立代表处。代表处没有法人资格，且不得进行商业活动（航空公司代表处可出售机票）。代表处主要从事一些辅助性的活动，代表处不构成法人实体。通常，代表处不作为独立的纳税人缴纳增值税和公司所得税。

常设机构终止经营会带来和企业清算同样的公司所得税纳税义务。终止的常设机构将资产转让给总部被视为公司内部转让，不会导致纳税义务发生。

非居民企业不可选择合并纳税。

3. 在塞尔维亚取得与常设机构无关的所得的纳税申报风险

（1）公司所得税

根据塞尔维亚税法，通常，在塞尔维亚没有常设机构的非居民企业仅就来源于塞尔维亚的收入缴纳预提所得税，例如，非居民企业在塞尔维亚取得的股息、利息、特许权使用费及其他所得。所得支付方在支付生效时履行代扣代缴义务。

（2）增值税

根据塞尔维亚税法，在塞尔维亚销售商品或劳务且在塞尔维亚没有场所或常设机构的非居民企业，应指定一名税务代理，除非该非居民企业在塞尔维亚仅通过电子方式提供服务或仅提供交通运输服务。该税务代理为个人、企业或法律实体均可，但必须满足以下条件：第一，是塞尔维亚居民；第二，在过去至少 12 个月内为增值税纳税人；第三，所有纳税义务均已履行完毕。该名税务代理不能是非居民企业的常设机构。

塞尔维亚税收程序与征管法规定，非居民企业应在实现应税所得（非预提所得税应税所得）或取得财产的 10 日之内告知主管税务局其税务代理。如未依法告知，将被视为税收违法行为处以罚款。

（三）调查认定风险

1. 转让定价调查风险

塞尔维亚的转让定价规则基本遵循 OECD 转让定价指南。关联企业间的交易须依据公平交易原则进行。税务机关有权对纳税人进行转让定价调整。如纳税人被税务机关稽查，要求纳税人提供转让定价同期资料，纳税人应于税务机关提出要求的 30 日内提交。

如果纳税人未能提交转让定价同期资料或提交的资料不完整，将受到以下处罚：企业将受到 10 万—200 万第纳尔不等的罚金；企业管理层人员将受到 1 万—10 万第纳尔不等的罚金；税务机关将对调整的价格差额征收 15% 的公司所得税。

2. 资本弱化认定风险

依据塞尔维亚资本弱化规则，向关联公司支付的利息可在税前扣除，前提是贷款金额不得超过当年年初与年末的平均权益的 4 倍（银行与租赁公司的适用比例为 10 倍）。

此外，根据转让定价规则，纳税人必须证明根据资本弱化规则可以税前扣除的利息符合公平交易原则，否则可能需要作相应的纳税调整。

3. 非境内注册居民企业认定

根据塞尔维亚税法，居民企业是指在塞尔维亚成立或其实际管理控制机构在塞尔维亚的企业，非居民企业则指在塞尔维亚境外成立且其实际管理控制机构在塞尔维亚境外的企业。居民企业应当就其来源于全球的所得和资本利得交税。

（四）享受税收协定待遇风险

1. 未正确享受协定待遇的风险

根据中塞税收协定，缔约国双方居民满足条件下，可以适用协定税率的优惠。以股息预提所得税为例，非居民企业需就其受到的股息缴纳 20% 的预提税，除非税收协定给予更低的税率。根据中塞协定，满足条件下，股息预提税率为 5%。

根据塞尔维亚公司所得税法第 40 条，存在税收协定的前提下，非居民纳税人有义务根据塞尔维亚财政部的要求，向所得的支付方即塞尔维亚居民企业，提供非居民纳税人所在国的税收居民证明以适用协定税率。如果未提供税收居民证明，所得的支付方有权利根据公司所得税法代扣代缴所得的预提税。如果非居民纳税人后续补充提交了税收居民证明的情况下，非居民纳税人有权利申请退回多缴纳的预提税。

塞尔维亚已缔结的税收协定中，部分协定适用税收饶让，以吸引外国投资人，即塞尔维亚居民企业享受所得来源国税收减免等优惠待遇而未在所得来源国实际缴税的情况下，可视同该居民在所得来源国已缴税，而不再在塞尔维亚缴税；未适用来源国优惠待遇的所得已在来源国缴纳的税，可以适用税收抵免。

综上，提醒在塞尔维亚投资的中国企业应正确享受协定待遇，降低税收风险。

2. 滥用税收协定待遇的风险

（1）常设机构的认定

根据中国和塞尔维亚于1997年签订的税收协定，第五条规定了常设机构的概念、正面清单和负面清单，遵从了OECD关于常设机构的定义。但在BEPS的大环境下，由于数字经济对企业商业模式的影响，常设机构的定义将被重新修订。

虽然数字经济本身并不显示特殊的BEPS问题，但是数字经济的流动性等特征加剧了BEPS的影响，例如，过去不构成常设机构的准备性或辅助性的活动，可能正逐渐成为数字经济业务的重要组成部分，不再具备准备性或辅助性的性质，这些活动将不再适用常设机构定义的例外条款。

BEPS第7项行动计划《防止人为规避常设机构的构成》将结合数字经济的主要特征对常设机构的定义作出修改，以确保不能利用人为安排来规避税收协定中常设机构的构成门槛并借此规避相应纳税义务。

（2）导管公司认定风险

"受益所有人"的概念于1997年被引入OECD协定范本，以解决简单的择协避税问题。但鉴于协定范本中并没有涉及各国实践中面临的择协避税安排，BEPS第6项行动计划提出了应对这些协定滥用的建议，包括利益限制条款所制定的特别反滥用规则（LOB规则），以及主要目的测试规则（PPT规则），PPT规则主要应对的是LOB规则没有涉及的其他择协避税情形，例如导管融资安排，即安排或交易的一个主要目的是试图获得税收协定的优惠，且在此情况下获取优惠是有悖于税收协定相关条款的宗旨与目的时，该税收协定优惠不应被授予。

（3）受益所有人认定风险

享受税收协定优惠首要条件是OECD税收协定范本第四条定义"缔约国一方居民"。不是缔约国一方居民的人不可以享受协定优惠。如前所述，"受益所有人"的引入是为解决简单的择协避税问题，即出于税收目的将所得支付给不是该所得真正拥有者的缔约国一方的中间居民。根据中国和塞尔维亚的税收协定，股息、利息和特许权使用费的条款中均强调了"受益所有人"为享受协定税率的条件之一。换言之，如果股息、利息或特许权使用费的收款人并非受益所有人，则无法享受优惠协定税率。

（4）脱离实质性经营活动享受税收优惠认定风险

塞尔维亚有一般反避税条款，强调了"实质重于形式"的原则。税务实践中，税务机关通常运用一般反避税条款对纳税人实施税务稽查。如上述提到的"导管公司"，通常因被认定为无实质性经营活动，而被税务当局否定其享受税收优惠的资格。

第八章

企业境外风险管理案例研究

——以河钢集团并购斯梅代雷沃钢厂为例

一 并购双方介绍

(一) 河钢集团介绍

河钢集团是一家由河北省人民政府于2008年6月30日出资设立的国有独资公司，集团总部位于河北省石家庄市。河钢集团是一家特大型钢铁联合企业集团，以钢铁为主业，经营业务横跨矿山资源、金融服务、装备制造、现代物流等相关产业。2016年实现营业收入2908亿元，年末资产总额达到3604亿元。连续九年上榜《财富》世界企业500强。河钢集团是目前全球最大的钢铁材料制造及综合服务商之一，河钢集团在板材生产方面形成了品种规模最全、产能规模最大的技术装备优势。集团主体装备实现大型化、现代化，达到了世界先进水平。在海外事业方面，河钢按照"全球拥有资源、全球拥有市场、全球拥有客户"的定位，加快建设全球营销服务平台、全球技术研发平台和全球钢铁制造平台的战略布局。近年来，河钢先后完成南非最大的铜冶炼企业PMC公司、全球最大的钢铁材料营销服务商——瑞士德高公司的控股收购，成为拥有海外成熟冶炼企业和全球化营销服务平台的跨国型企业集团。此次收购塞尔维亚唯一国有大型支柱企业——斯梅代雷沃钢厂（ŽSD），进一步向具备高端制造能力的欧洲地区布局，为拓展海外实业基地、构建全球产业制造平台打下坚实基础。

（二）塞尔维亚斯梅代雷沃钢厂介绍

斯梅代雷沃钢厂是塞尔维亚唯一一家国有大型支柱性钢铁企业，位于贝尔格莱德东南约 40 公里的斯梅代雷沃市。钢厂始建于 1913 年；1945—2003 年，先后由前南斯拉夫和南联盟政府运营，是国家冶金工业的支柱企业；后于 2003 年 9 月被美钢联收购；2012 年 1 月塞尔维亚政府以象征性的 1 美元价格从美钢联回购。之后塞尔维亚政府一直致力于将其私有化。2015 年 4 月，塞尔维亚政府通过国际招标的方式，聘请 HPK 管理该企业。作为一家百年钢企，ŽSD 具有钢铁企业生产经营所需的完备的基础设施、配套的工艺装备、充足稳定的冶金劳动力资源、一定的市场基础和 220 万吨钢铁产能资源。同时，受历史上投资不足、管理不善、产品结构档次不高等内在因素，加之近年来经济形势持续走软、钢铁产能全球过剩等外在冲击，钢厂面临严峻的生存压力与挑战。2012—2014 年 ŽSD 实际产量维持在 30 万—50 万吨。2009 年以来，公司处于持续亏损状态，年均亏损 1.2 亿欧元，最大亏损年度为 2009 年，亏损额为 1.53 亿欧元；最小亏损年度为 2012 年，亏损额为 0.28 亿欧元。

二　并购前交割准备工作

（一）河钢集团的交割准备工作

①全球反垄断申报工作进展：经集团聘请的比利时 VBB 律师事务所评估，此项目需要在德国、土耳其、塞尔维亚、马其顿、保加利亚以及罗马尼亚 6 个国家进行反垄断申报。2016 年 4 月 18 日正式签约后，立即启动正式申报程序，5 月 10 日取得德国批准；5 月 15 日取得土耳其批准；5 月 25 日取得塞尔维亚批准；6 月初取得马其顿的批准；6 月中旬取得保加利亚的批准；6 月底取得罗马尼亚的批准。

②国内政府批准工作进展：已完成商务部、发改委审批、备案，正在跑办外汇管理局出资备案手续。

③投资路径搭建和项目公司成立：根据德勤税务顾问给出的税务架构设计，经集团董事会和国资委、商务厅批准，集团启动了香港、英国和塞尔维亚新公司的设立。5 月 26 日完成香港控股公司设立，办理英国

控股公司和河钢（塞尔维亚）钢铁有限公司的设立手续，6月15日前完成了塞尔维亚新公司的设立。

④向斯梅代雷沃钢厂派出观察员：根据交易协议，签约后河钢集团应向钢厂派出适当数量的观察员，负责现场资产和运营的动态监督。集团责成河钢唐钢公司落实了11名成员，已全部抵达现场开展工作。

⑤项目融资：本项目总投资9亿欧元，其中河钢集团自筹的3亿欧元资本金已经落实（30%由集团自有资金解决，剩余由香港控股公司在境外贷款解决，已确定由建设银行和邮储银行作为境外项目融资银行）；6亿欧元的新公司技改项目融资方案，由中国信保为项目融资提供担保，由中国进出口银行和国家开发银行总牵头组成银团为技改项目提供出口买方信贷融资，融资期限10年，融资成本争取控制在年化3%以内。中国银行、建设银行、农业银行、工商银行等都积极参与。

技改项目的融资性调研报告已由河钢国际编制完成，由德勤会计师事务所进行第三方财务模型确认，由中冶集团作为工程项目的总承包方。

⑥交割审计：已与塞方团队共同确定交割审计机构和审计范围，完成在组织审定、签署聘用协议，6月20日交割审计。

⑦员工劳动合同签署：根据协议约定和高访需要，双方在6月15日前完成与5046名员工的劳动合同的签署（交割日生效）。

（二）塞尔维亚政府负责的交割准备工作

①成立专门政府工作委员会：根据双方投资协议约定，塞尔维亚政府于签约当日组成了由经济部部长任组长、十几个政府部门副部级以上官员组成的专门委员会。这一临时性机构将在签约后三年内，为新公司的生产经营提供相关政府协助，落实政府承诺的相关义务。

②塞尔维亚政府审批：国家资助监管委员会2016年6月10日出具正式意见，其他涉及塞尔维亚政府审批事项均已完成。

③瑕疵资产的合法化程序：全部土地、建筑物使用权变更以及有关的未决征收争议问题已得到妥善解决。

④其他程序性事项：如开户共管账户、交易公告、第三方债权人同意、客户关系交接、证照转移等交割前需要完结的事项，均按照6月月底具备交割条件倒排时间进度，确保如期完成。

三 并购动机

(一) 实现产能全球布局,获取市场协同效应

全球来看,近年来,粗钢产量除 2009 年有明显的下降之外,其他年度基本保持稳步增长的态势。2014 年度,全球粗钢产量已经达到 16.7 亿吨,比 2005 年增长了 45.47%;同期,中国钢铁产量从 3.56 亿吨增长到 8.22 亿吨,增幅达 131%,中国增量占全球增量比重的 89.27%。2015 年度,全球粗钢产量合计 16 亿吨,同比降低 2.7%,其中,欧盟产量降低了 1.48%,亚洲产量降低了 1.31%。中国粗钢产量出现 30 多年来的首次降低,降幅 2.3%。同时,全球人均钢铁消费量从 2011 年的 0.150 吨稳步增长到 2014 年的 0.217 吨。国际钢协预测到 2050 年,钢铁消费量有望增加到目前水平的 1.5 倍。

受全球经济形势特别是中国经济增速放缓影响,全球粗钢产量会继续降低。结构性调整将成为钢铁行业的时代主题,一方面产品结构调整将使产品供给更加合理;另一方面区域性结构调整将成为钢铁行业投资需求的主要拉动力量。"一带一路"沿线很多发展中国家的工业基础尚未完全建立起来,钢铁行业处于空白或起步阶段。这种区域性的发展不平衡,与我国钢铁行业结构性产能过剩和供给侧改革的迫切需求形成有效的互补,为我国钢铁企业向"一带一路"沿线的新兴市场国家输出优势产能提供了更好的基础条件和广阔的市场空间,有效降低了投资风险。

(二) 实现"走出去"战略,加快国际化战略进程

在国家推动"一带一路"建设的背景下,支持"国际产能合作",为中国钢铁企业"走出去"提供了优越的政治环境。中国钢铁企业要抓住全球产能合作的机会,积极实现其产能在全球市场的优化,努力"走出去"。无论是"海上丝绸之路"所需要的配套船舶建造及港口建设,还是由"陆上丝绸之路"所带动的铁路计划、机场项目以及公路延伸,乃至由此辐射的诸多电力设施扩容、房地产开发等项目,都需要规模庞大的高水平钢铁产业的强力支撑。"一带一路"沿线的希腊等中东欧国家也为中国钢铁行业带来新的发展机遇。比如比雷埃夫斯港扩建、中欧陆海快线等诸多基础设施，以及房地产等大量用钢领域，甚至钢材加工、机械制造等工业领域，都需要大量的优质钢材。在中东欧16个国家中，只有波兰、捷克、斯洛文尼亚、罗马尼亚等少数国家的钢铁能够基本实现自给自足。"一带一路"倡议和国际产能合作的政策红利正在逐渐释放，一方面国内配套的支持政策越来越完善，另一方面带来的与沿线国家的政治友好也极大地改善了沿线国家的投资环境，政策红利的集中释放极大地降低了企业"走出去"的风险。

（三）国内钢铁市场日益饱和，产能过剩

2015年，我国粗钢产量自1981年以来首次出现年度下降；中钢协会员企业全年亏损645.34亿元，我国钢铁行业生产经营十分困难。近年来我国钢铁产业集中度不升反降，CR10从2010年的48.6%降到2015年的34.2%，远低于规划目标水平，成为导致行业恶性竞争的重要原因。钢铁企业集中度低，限产保价能力严重缺乏。企业自律差，打价格战，钢材价格持续下跌，行业陷入恶性竞争状态。全行业产能严重过剩，市场低迷，市场呈现过度竞争状态，钢铁行业"去产能"迫在眉睫。当前我国钢铁行业主要存在两大问题：一是产能严重过剩；二是产业集中度过低。这两个问题同时存在，造成钢铁行业过度竞争，出现行业乱象。在市场经济条件下，搞垄断不行，但过度竞争也不行，是对社会资源的极大浪费。因此，钢铁行业结构调整，既要解决产能过剩问题，还要解决行业良性发展问题；要解决行业良性发展问题，就必须解决产业集中度过低的问题。所以，单纯的"去产能"只是暂时的平衡，只有把"去产能"和兼并重组、合理布局并重实施，即"产能适度、集中度高、布局合理、结构优化、竞争力强"才是钢铁行业结构调整的理想目标形态，整个钢铁行业才会进入良性发展轨道。

四 并购的核心内容

（一）交易方式

本次交易采取资产收购方式，即由河钢集团对ŽSD有效资产进行确认，塞尔维亚政府将该资产打包评估后履行公开招标程序，河钢集团通过公开竞标取得有效资产的所有权。所有债权、债务全部保留在 ŽSD。资产包涵盖 ŽSD 全部固定资产、备品、备件、无形资产以及维持钢厂正常生产运营的流动资产。

(二) 交易对价

经协商，ŽSD 在账和不在账的固定资产、无形资产、备品、备件及股权投资零对价；流动资产中产成品、半成品按照市场价和成本价较低者 9 折定价，原材料按市场定价，上述流动资产交易对价为 4600 万欧元。在以上交易的情况下，河钢集团保证现有 5000 余名职工的就业，3 年技改资金投入不少于 3 亿欧元。

(三) 收购路径

根据德勤税务团队为项目进行的税务架构设计，河钢集团在香港设立一家控股公司，通过英国伦敦的控股公司，在塞尔维亚设立一家新公司，用于资产收购及后续运营。新公司的名称为：河钢（塞尔维亚）钢铁有限公司，简称"河钢塞钢"。

(四) 交易文件

双方于 2016 年 4 月 18 日正式签署了相关交易文件，主要包括：河钢集团与塞尔维亚政府签署了 6 份投资协议，以落实政府对本交易的相关承诺；河钢集团与 ŽSD 签署了《资产出售与购买协议》，约定了资产包资产出售的相关权利与义务。

五 并购中的风险及防控措施

(一) 国家资助风险

1. 国家资助风险识别

2012 年至本次交易前，塞尔维亚政府已合计通过政府贷款、政府担保、债务免除等形式向 ŽSD 提供了约 4 亿欧元资助。根据欧盟与塞尔维亚签署的相关协议，这种由塞尔维亚政府提供的资助可能被欧盟有关委员会或者塞尔维亚国家资助控制委员会认定为非法国家资助，进而命令 ŽSD 来偿还其获得的国家资助的全部金额，或者要求其执行"补偿措施"，该等补偿措施包括但不限于产量配额限制以及其他措施。由于 ŽSD 是偿还国家资助的法人实体，如河钢集团被认定为 ŽSD 业务的承继者，将可能承担偿还国家资助的风险，或者承受产量配额限制或其他"补偿措施"对生产经营所带来的后果，则本商业计划将不存在执行基础。

2. 国家资助风险控制措施

针对国家资助风险，河钢采取以资产收购方式完成本次 ŽSD 的私有化程序，并通过公开、透明且无歧视的竞标程序，河钢集团作为买方自主选择拟收购资产范围以及就拟收购资产支付公允价格（第三方评估机构评估）等特定程序，隔断 ŽSD 与河钢集团新公司之间的经济承继性。为此，塞尔维亚政府需就本次交易与欧盟进行持续性的沟通与磋商，并最终由欧盟出具正式信函。与欧盟谈判与磋商的过程将可能持续较长的时间，且需塞尔维亚政府、河钢集团以及中国政府的共同参与，促使欧盟就本次交易出具塞尔维亚政府对 ŽSD 的国家资助符合相关欧盟国家资助规则，或者认定河钢集团新公司并非 ŽSD 业务的承继者，或者对新公司的产量配额至少达到现有产能标准。

（二）政治风险

1. 政治风险识别

塞尔维亚在经历战乱和国际制裁之后逐步回归国际社会，与邻国关系得到修复，本国的民主和法治建设有较大改善。但国内政治整合尚处于初期阶段，政党林立影响政策稳定性和推行力度，且 2014 年新政府上台后虽然政治局势趋于稳定，但是也存在政府更迭的风险。塞尔维亚政府的大力支持是本商业计划实施的一个重要基础条件，如发生上述风险，新政府可能拒绝履行前一届政府所承诺的义务。

2. 政治风险控制措施

对交易中的政治风险，河钢集团可以购买中国出口信用保险公司的海外投资保险，其中覆盖了东道国的政治更迭、违约等。海外投资保险作为一种政府提供的保证保险，具有补偿损失、融资便利、市场开拓、提升信用等级和风险管理的功能,其实质是一种对海外投资者的"国家保证"。在出现投资纠纷后,中国信保可以借助外交等手段来协助化解投资者与有关政府之间的纠纷,最大程度防范风险发生。河钢集团利用这样一种由国家特设机构或委托特设机构执行,由国家充当经济后盾的险别,保证其顺利规避各种由于政治风险和信用风险所产生的不确定性损失。

(三) 缺陷资产风险

1. 缺陷资产风险识别

本次交易资产,如土地、建筑物等存在部分产权瑕疵,如无法规范,将为新公司运营带来隐患。

2. 缺陷资产风险控制措施

针对缺陷资产风险,河钢采取了如下防范措施:ŽSD 在交割前完成所有河钢集团拟购买资产的合法化程序,同时 ŽSD 作为卖方需就出售资产的情况作出详细的陈述与保证,全面地确定了各类型待售资产的状态。

(四) 环境风险

1. 环境风险识别

根据 ŽSD 与塞尔维亚环保部达成的环境行动计划,截至 2015 年,ŽSD 已投入 1 亿欧元建设各项环保设施,但是根据现场核查,已安装的环保设施的效果并不十分理想,与环境行动计划所要求的达标效果仍有差距。

2. 环境风险控制措施

针对环境风险,塞尔维亚政府同意承担所有交割前 ŽSD 现有厂房设备的环境行动计划而产生的历史上的环保责任以及与之相关的一切成本、费用及债务;塞尔维亚同意支持新公司申请欧盟基金支持或者其他任何可利用的资金用于实施技术改造项目以及环境升级项目;如新公司在交割后就环境行动计划的达标存在困难并提出请求时,塞尔维亚承诺应尽其最大努力与塞尔维亚有关环保部门进行协商以延长环境行动计划的最后期限。

（五）交割后管理风险

1. 交割后管理风险识别

ŽSD 拥有 5000 余名在冶金行业具有成熟经验的员工，劳动力供给充足，但是由于 ŽSD 中层以上管理人员大部分来自管理公司 HPK，特别是高管人员几乎全部来自管理公司 HPK，如出现大规模的核心技术和管理人员离职，商业计划的实施将受到影响。

2. 交割后管理风险控制措施

针对交割后的管理风险，为保障交割后的管理，河钢争取核心技术和管理人员留任；河钢集团将会派出更多的管理、技术骨干前往新公司支持运营和技术改造的各项工作，协助对当地员工进行培训；河钢集团拟定期对员工进行语言能力、技术能力等全方位的培训，提高当地员工的专业素质。

（六）宏观经济风险

1. 宏观经济风险识别

塞尔维亚新政府上台以来，采取一系列新政策刺激经济的发展，但受制于外部环境不确定性，面临经济下行风险。

2. 宏观经济风险控制措施

针对宏观经济风险，河钢集团以市场为导向制定新公司产品大纲及技术改造方案。借助河钢集团强大的全球营销和采购网络优势，确保新公司商业计划顺利实施。

（七）人员健康与安全风险

1. 人员健康与安全风险识别

钢铁企业是高危行业，大部分员工都暴露在高风险的工作环境下作业，因此，企业人员的健康和安全是交易过程及后续需十分注意的。

2. 人员健康与安全风险控制措施

针对人员健康与安全风险，河钢集团在交割后将会继续根据现行适用的法律法规执行相关人员健康及安全生产的规定，推进环保升级计划，增加环保设施的投入，改善员工工作环境等。

（八）财产风险

1. 财产风险识别

塞尔维亚地区自然灾害风险相对较低，有雹暴风险；有一定的地震风险和雷电风险；有一定的龙卷风风险；其他如火山、暴雨风险等均较低。

2. 财产风险控制措施

针对财产风险的防范，河钢集团采取了以下措施：制定优化的财产保险结构并进行购买，同时在后续运营中定期进行防灾防损的控制，包括但不限于对员工培训、对灾害定期监控等措施。

（九）欧盟反倾销风险

1. 欧盟反倾销风险识别

塞尔维亚目前尚未加入欧盟，受美国对中国钢铁企业启动"337 反倾销调查"的影响，欧盟也可能会对塞尔维亚启动反倾销调查。经初步核实认为，欧盟极有可能出于对中国钢铁的敏感，在项目交割后启动对新公司的反倾销调查。而新公司 80% 以上的市场在欧盟国家，如果欧盟提起对新公司的反倾销，势必为新公司带来重大不利影响。

2. 欧盟反倾销风险控制措施

对于欧盟反倾销风险，河钢集团已从以下几个方面开展工作：第一，与项目律师团队和德高公司共同就可能发生的欧盟反倾销风险进行了初步评估。初步评估认为，在交割前钢厂被欧盟反倾销的可能性不大，但在项目交割后，新公司存在被欧盟提起反倾销诉讼的可能。第二，与塞尔维亚政府保持密切沟通、建立协商机制。河钢集团已与塞尔维亚政府进行非正式沟通，互通了相关动态，确认目前钢厂未收到正式的调查通知。为防控风险，河钢集团将正式发函给塞尔维亚政府，要求其一旦收到相关诉讼，要马上启动应诉机制，河钢集团项目团队也将积极配合应诉，以便尽最大努力规避和缩小风险。同时，河钢集团拟提议双方将此事项列入双方项目团队正式商讨议题，并争取在交割前就相关风险的化解和分担，达成解决机制。第三，请求中国商务部给予指导和支持，了解各阶段应当如何应对和规避可能发生的反倾销风险。第四，在交割后的生产运营安排方面,自觉规避相关业务风险,降低欧盟提起反倾销的可能。一是利用塞尔维亚政府给予新公司的国内市场支持政策和塞尔维亚经济复苏的有利时机,将增量产能重点投放塞尔维亚国内市场;二是充分利用德高的市场开拓能力,为新公司重点开发非欧盟市场;三是借助德高在反倾销方面的商务经验,合理控制新公司产品向欧盟、美国等敏感市场投放的数量和增长的幅度,降低被提起反倾销诉讼的可能。第五,积极配合塞尔维亚政府推进与欧盟之间就政府资助问题的讨论,争取尽快拿到220万吨的欧盟对塞尔维亚的钢铁产能配额。

参考文献

[1] 国家税务总局:《中国居民赴塞尔维亚投资税收指南》,2017年。

[2] 中国注册会计师协会:《税法》,中国财政经济出版社2018年版。

[3] 徐沛鑫:《中国和俄罗斯的国际税收合作研究》,硕士学位论文,上海海关学院,2018年。

[4] 景一宁:《我国税收协定的完善建议》,硕士学位论文,外交学院,2018年。

[5] 李岩峰:《中国企业在"一带一路"沿线国家中税收协定的适用》,《哈尔滨师范大学社会科学学报》2018年第4期。

[6]《中国企业所得税历史沿革》,2015年3月20日,豆丁网,http://www.docin.com/p-1097786040.html。

[7] 李海霞:《我国企业所得税制度的历史沿革及完善》,《发展》2007年第6期。

[8] 崔军、朱志钢:《中国个人所得税改革历程与展望——基于促进构建橄榄型收入分配格局的视角》,《经济与管理研究》2012年第1期。

[9] 张瀛霞:《论我国个人所得税的变革》,《现代商贸工业》2011年第24期。

[10] 于戈、范丽萍、张田雨等:《中东欧16国税制概览》,《世界农业》2015年第9期。

[11] 王素荣:《中东欧各国的税收政策及税务筹划》,《国际商务财会》2017年第6期。

[12] 苏州工业园区地方税务局国际税收课题组:《我国个人所得税反避税立法的研究》,《国际税收》2018年第3期。

[13] 余鹏峰:《反避税视角下的〈个人所得税法〉修改》,《税务研究》2018年第2期。

[14] 中国国际税收研究课题组:《服务"一带一路"战略税收政策及征管研究》,《国际税收》2015年第12期。

[15] 李勇彬、汪昊:《我国与"一带一路"沿线国家避免双重征税协定对比》,《税务研究》2017年第2期。

[16] 刘瑞玲:《我国与"一带一路"沿线国家税收协定研究》,硕士学位论文,首都经济贸易大学,2018年。

[17] 任施阳:《"一带一路"沿线国家公司所得税比较研究》,硕士学位论文,首都经济贸易大学,2017年。

[18] 布拉尼斯拉夫·乔尔杰维奇、严嘉琦:《中国和欧盟在"一带一路"战略框架下的政策协调:现状及前景——塞尔维亚的视角》,《欧洲研究》2015年第6期。

[19] 陈旸、吴楠、李俊:《塞尔维亚转型困境及前景》,《现代国际关系》2016年第6期。

[20] 刘作奎:《塞尔维亚国内形势、外交政策走向与中塞关系》,《当代世界》2016年第9期。

[21] 王玉娟、郝巧亮:《增值税改革政策解析》,《财会通讯》2018年第16期。

[22] 王建平:《我国增值税制度的发展历程及展望》,《税务研究》2015年第6期。

[23] 国务院关税税则委员会办公室、中华人民共和国财政部关税司编:《中国关税——制度、政策与实践》,中国财政经济出版社2011年版。

[24] 中华人民共和国商务部:《对外投资合作国别(地区)指南·塞尔维亚》(2017年版)。

[25] 刘方:《完善中国实施"一带一路"战略的税收征管制度》,《中国经贸导刊》2017年第21期。

[26] 郝洪玉:《风险管理导向下对外投资的内部控制策略》,《企业改革与管理》2018年第9期。

[27] 谢正欣:《风险管理导向下对外投资的内部控制策略》,《企业改革

与管理》2018年第9期。

[28] 张磊:《我国企业对外直接投资风险分析》,硕士学位论文,华中师范大学,2012年。

[29] 房冰:《中国对外投资面临的环境风险及管理研究》,《现代营销(下旬刊)》2018年第8期。

[30] 刘晓玲、张欣妍、刘爱军等:《"一带一路"倡议下企业对外投资税务风险的量化和应用研究》,《天津科技》2018年第6期。

[31] 马调美:《企业对外投资的风险与管理》,《中国市场》2017年第2期。

[32] 章素珍:《反倾销与中国出口产品质量升级》,硕士学位论文,南京大学,2017年。

[33] 熊凌:《试论企业对外投资和财务管理的风险控制》,《管理观察》2016年第27期。

[34] 刘明佳:《如何有效帮助企业规避境外投资财务风险》,《新经济》2016年第9期。

[35] 郑崴、徐峰林:《浅析企业对外投资的财务风险及其对策》,《商业会计》2011年第6期。

[36] 盛立中:《企业税务风险防范与管控》,《上海国资》2009年第6期。

[37] 《国务院国有资产监督管理委员会关于印发〈中央企业全面风险管理指引〉的通知》(国资发改革〔2006〕108号),2006年6月6日。

[38] 苏世芬、齐宏伟:《出口企业如何应对反倾销风险》,《企业活力——跨国经营》2004年第6期。

[39] 中国驻塞尔维亚大使馆经济商务参赞处:《对外投资合作国别(地区)指南——塞尔维亚》,商务部出版社2015年版。

[40] 世界经济论坛:《2016—2017年全球竞争力报告》。

[41] 世界银行:《2017年营商环境》。

[42] 《塞尔维亚共和国海关法》。

[43] 《塞尔维亚共和国外汇管理法》。

[44] 德勤:《塞尔维亚经商须知》。

［45］《塞尔维亚共和国增值税法》。

［46］《IBFD：塞尔维亚共和国公司所得税》。

［47］《IBFD：塞尔维亚共和国个人所得税》。

［48］《塞尔维亚共和国公司所得税法》。

［49］《塞尔维亚共和国个人所得税法》。

［50］《中华人民共和国企业所得税法》。

［51］《塞尔维亚税收征管法》。